科学の知恵
怒りを鎮める うまく謝る

川合伸幸

講談社現代新書
2444

はじめに

怒りの時代

二〇一七年は怒りが政治を変えた年として記憶されることになるかもしれません。米国ではトランプ氏が大統領に選出され、韓国では朴槿恵《パククネ》氏が大統領を罷免されました。

クリントン政権で労働長官を務めたカリフォルニア大学バークレー校のライシュは、米国の中間層に鬱積する「怒り」がトランプ氏を大統領に押し上げたと指摘します。米国では第二次世界大戦後の三〇年におよぶ高度成長期には、大企業の最高経営責任者の所得は平均的な労働者の二〇倍程度でしかなかったのが、いまでは二〇〇倍以上にもなるといいます（ロバート・ライシュ、二〇一六年）。かつては教育や勤労によって生活水準を上げることができたのに、グローバル化と技術革新によって多くの人びとの潜在的な所得の成長が奪われました。このような努力が報われない格差社会に怒りをもつ中間層に、トランプ大統領は、「雇用を取り戻す」「強いアメリカを復活する」と訴えて支持されたと分析されています。

韓国の現職大統領の罷免は、二〇〇万人ともいわれる国民のデモに突き動かされたものです。友人に国家の機密を漏らしたことや大企業からの賄賂《わいろ》など計一三件の疑いが大統領の逮捕理由とされますが、毎週おこなわれた集会（デモ）では、厳しい受験戦争のなかで大統領の友人の娘が名門大学に裏口入学したことや、その娘が「能力がないならお前の両親を恨め。金も実力だよ」とフェイスブックに書き込んでいたことに怒りの矛先が強く向けられたとの報道もありました。

努力すれば報われるという、これまでの信念を打ち砕くような出来事や状況に多くの人が怒りを感じているのがいまの社会なのかもしれません。

怒りが向けられるのは大きな権力や社会の状況だけではありません。わたしたちは身近な親しい人にも怒りをぶつけることがあります。そのような怒りは、ときとして人間関係を根本的に破壊します。

この本の校正をしているとき（二〇一七年六月）に、政策秘書の運転の仕方に腹を立てた自民党の女性議員が「このハゲーっ！」などの聞くに堪えられない罵声を秘書に浴びせ頭部を数回殴ったというニュースが話題になりました。典型的なパワハラですが、堪えかねた秘書は袂《たもと》を分かつつもりでその様子を録音した音声を週刊誌に渡し、公に曝《さら》しました。その議員は離党することになり、さらに議員辞職を求める声もあがりました。

怒りを抑えられずに大きなものを失った例の一つですが、このようなことは他にもよく見聞きします。

殺人を犯す主な動機の第一位は憤懣・激情で、全体の四二パーセントと半数近くを占めます（「平成二二年版犯罪白書」特別調査）。第二位の報復・怨恨が一一パーセントなので、激情に駆られた殺人が圧倒的に多いことがわかります。しかも、加害者の八四パーセントが親族を含めた面識のある者です。つまり、日常の付き合いのなかで、怒りがエスカレートした結果、殺人に到ることがきわめて多いのです。

殺人にまで到らなくても、怒りはコミュニケーションを阻害する大きな要因となっています。そのため怒りをいかに鎮めるかは、円滑なコミュニケーションをはかるうえで、とても重要です。アンガー・マネージメントと呼ばれる、怒りをエスカレートさせない訓練法があり、毎年一八万人が受講するといわれています。

二〇一六年一〇月に、ある著名なバイオリニストが、怒りの値が高すぎると心療内科医から指摘されたことをテレビの対談で話しておられました。ある日、そのバイオリニストが帰宅すると、息子さんが平日は禁じていたはずのゲームで遊んでいたそうです。そのことに彼女は激怒し、携帯ゲーム機をバキバキに折ったそうですが、ご自身では怒りをもう少し抑えたいと考えておられるようです。

適切な謝罪は思った以上に難しい

誰かを怒らせてしまったら、その相手に謝罪するのが一般的です。子どもに対しても、幼い頃から謝ることを教えます。しかし、謝罪はかならずしも怒った人の気持ちを鎮めません。怒りを抑えるためには、効果的な謝罪をする必要があるのですが、どういう謝罪が効果的か、理屈でわかっている人は少ないのではないでしょうか。
たとえば、他社の人と打ち合わせの約束をしていて、電車が遅延したために遅刻をしたとします。つぎの謝罪のうち、どちらがより適切でしょうか。

「電車が遅れていました。たいへん申し訳ありません」
「遅れてたいへん申し訳ありません。電車が遅れていました」

これについての答えは、一〇〇ページを見てもらいたいのですが、このようなことは、謝罪について扱ったビジネス書にも書いてあるかもしれません。しかし、なぜ一方の謝罪には納得し、他方は腑に落ちないのか、ビジネス書では科学的には説明されないままだと思います。

ＮＨＫの朝の生活情報番組で、「怒り」をテーマにした回に出演したことがあります（謝罪の回や恐怖の回でも出演しています）。番組のなかで紹介された実験の一つで、怒りをなだめるプロの方が、（自称）怒りやすいというタレントさんをわざと怒らせてから、怒りを鎮めるという実験がありました。そのタレントさんが横柄な態度をとる番組スタッフに怒り、爆発寸前というところで、達人が登場し、うまく怒りをなだめておられました。

この怒りをなだめるプロの方は、コールセンターに勤務し、電話の向こうで怒鳴り声を上げる人びとから年間二〇〇〇億円もの債権の回収に成功したそうですが、その方が経験から導いた極意とは、「徹底的によりそって話を聞く」「怒りの矛先をそらす」「相手以上に大げさに怒ってみせる」「やさしい、などとほめる」というものでした。

番組のスタッフとの事前打ち合わせでそのＶＴＲを見たときに多くの人から出た感想は、これをそのまま家庭や実生活に持ち込むのは難しいですね、というものでした。

達人ともなれば、経験豊富で、怒っている人をうまく誘導することもできるのでしょう。しかし、普通の人は怒っている人をうまくなだめることはできません。むしろ、自分に対してでなく職場の誰かに対して怒っている配偶者をうまくなだめることができずに困るというような相談が多くよせられていました。

ひとりひとりが技能を積んで自分や周囲の人の怒りを抑える達人技を身につけるのはた

いへんです。しかし、ヒトはこのような状況にはこう感じる、このように謝罪すれば効果がある、ということを示した客観的な実験に基づくコツや理論は、誰にでも使えるのです。

とはいえ、本書で詳しく述べますが、わたしたちが考えるほど謝罪に効果はありません。不適切な謝罪では怒りは収められないのです。それどころか、配偶者とケンカしたときに、相手が求めていない謝罪をし、かえってこじれてしまうということもあるのです。このように、本書では謝罪の効能についても説明します。

人間関係を円滑にするヒント——怒りと謝罪の心理学

心理学の実験的な研究がおこなわれるようになって一〇〇年以上経ちます。しかし、怒りや謝罪についての科学的な本はほとんどありません。心理学研究の初期から、恐怖について研究されてきたのとは対照的です。実際、わたしは、ヒトがコワイと感じるメカニズムについて研究をし、恐怖についての本も書いたことがありますし、海外でも多く類書があります。

それに対し、怒りは他人に対して向けるものなので実験が難しいうえに（動物での実験は困難です）、長いあいだ怒りは恐怖の一部と考えられていました。どちらも不快で強い情動体験と、ある種の身体的な覚醒を感じることが共通しているからです。それらのこともあって怒りの科学的な研究が少なかったと考えられます。しかし、いままでは怒りと恐怖は完全に別物で、身体に現れるそれぞれのパターンや、それらを抑える科学的な方法もわかるようになってきました。

現在、書店などに行くと、ビジネスや生活の指南書としての怒りや謝罪についての本が数多くあります。それらを手に取ると、現実で生じるような事例が取り上げられており、そこで述べられている怒りを収める方法や、謝罪の仕方は納得できるものが少なくありません。

しかし、それらのほとんどは経験にもとづいたもので、なぜそうすれば怒りが抑えられるのか、効果的な謝罪になるのか、ということの客観的な裏づけがありません。より多くの人の実生活で役立つためには、実証的な事実にもとづいたやり方や理論が必要です。

わたしは心理学・認知科学の研究者なので、これまで書かれてきた人生経験豊富な方のアドバイスではなく、怒りとはどのようなもので、どうすればうまくコントロールできるのか、ということを科学的に考えてみたいと思いました。

そこで、わたしたちがおこなった研究や、海外の研究であきらかにされてきた怒りや謝罪の効果の知見を本書に盛り込みました。

本書では、個人の怒りを鎮める方法や、効果的な謝罪とはどのようなものか、ということを実験や調査による研究に基づいて説明します。そのほかに、怒りを感じる原因、謝れない理由、ケンカした後に何をすることが、いちばん仲直りにつながりやすいのか、仕返しをしたいと感じるわけなどについても最新の研究結果を紹介します。

この本は、学術的な成果をわかりやすくお伝えする、ということだけでなく、読まれた方の日常で役に立つことを意図しています。先に書いたこと以外に、受け入れてもらえるような謝罪にするにはどのようにすればよいのか、怒りを抑える方法など、人間関係を円滑にするためのヒントがたくさん含まれています。

仕事上の関係だけでなく、配偶者や子どもなど、身近な人に対しても役に立つ知見が盛り込まれています。

本書は怒りを管理するための指南書というだけではなく、ヒトという生物が他人と付き合っていくなかでどのように感じ、反応しやすいのかを、科学的に考えるものにしたいと意図しているので、心理学や神経科学、経済学の実験についても少し詳しく説明しています。

この本を読んで、社会で暮らすわたしたちヒトとはどのような生き物であるかを理解していただければ幸甚です。

目次

第一章　怒りのメカニズム

悪口を言われて我が身を正すことの出来る人間は幸せと言うべきだ。――ウィリアム・シェイクスピア

強い感情は身体反応として現れる

ひところ、毎日のように腹立たしい気持ちを抱えていました。わたしが雇用していた研究員の態度がひどかったのです。わたしの研究室に博士研究員としてやってきた彼は、能力の高い人だったので、ほかの研究員を指導する役割を期待したのですが、本人は早く成果をあげて別の大学に、より高いポジションで行きたいと考えていたようで、(彼にとって)レベルの低い人たちと付き合うのを避けていました。

彼は、「ひとりで使える専用の部屋で研究したい」とか、「ほかの研究員とミーティングするのは時間の無駄だ」と言い放ち、わたしは、研究室の運営に頭を抱えていました。

大学には研究員の制度があります。博士の学位を取得して、大学や企業にまだ就職していない研究者を自分で獲得した研究費で雇用するのです。

研究員は自分の研究室で学位を取得した人を採用することもありますが、公募をして別の大学から来てもらうこともあります。わたしの研究室には、別々の大学から何人かの研究員が集まっていました。

あるとき、その研究員は体調不良を理由に早退して研究室のミーティングを欠席しました。それなのに、わたしが夜中に帰るときに、研究室から出てくる（結局、彼だけ別の研究室を用意しました）のを見かけ、かなり腹が立ちました。

そのような強い感情をおぼえると、身体に変化が生じます。強い怒りが沸き上がったときには、眉間にしわが寄り、左右のこめかみに血管が浮き出ているのが感じられます。また、心臓の鼓動は速くなります。人によっては、動物が牙を剝くように、口が開くこともあります。

恥ずかしさを感じたときには顔が赤くなります。しかし、怒り心頭に発するときも、恥ずかしいときと同じように、顔が赤くなります。こうした同じ身体の変化が生じているときには、同じ気持ちを抱いているということなのでしょうか。嬉しいときも、悲しいときも涙がこぼれますが、これらは同じ気持ちであることを表しているのでしょうか。

じつは、いくつかの身体反応のパターンを見れば、それぞれの感情に応じて、独自の身体反応が生じていることがわかるのです。

恐怖を感じたときの特徴的な身体パターン

恐怖についての研究をしてきたためか、テレビの番組で、ジェットコースターやおばけ屋敷の怖さを克服したい、という相談に答えてほしい、という要望をいただくことが少なくありません（関心のある方は、拙著『コワイの認知科学』をご参照ください）。

あるときに、ＮＨＫの朝の生活情報番組に出演して「恐怖の克服法」の解説をしました。実際に恐怖を体験してもらうということで、あるタレントさん（アンガールズの田中卓志さん）にヘビを持ってもらいました。すると心拍数は上昇し、ヘビを首に巻くと、赤外線モニターで見ていた肩の温度が劇的に下がりました。またストレスを反映するホルモン（コルチゾール）の値も、ヘビを見る前にくらべておよそ二倍にまで跳ね上がりました。

このように、強い感情は身体のさまざまな反応として現れ、わたしたちは客観的に測定することができるのです。もちろん、そんな客観的な値を調べなくても、ヘビを首に巻かれたタレントさんはギャーギャー騒いでおられたので（このヘビはヒトを咬まない安全な種のヘビでした）、相当怖がっているのが誰にでもわかるのですが。

身体反応として現れる感情は、本人だけでなくそれを見ている人にもわかります。なかでも一番わかりやすいのは表情です。一歳の子どもでさえも、顔を見れば喜んでいるか怒っているかがわかります。

表情は人類共通

表情は、顔の筋肉を動かすことで作り出されます。表情の科学的な研究を最初におこなったのはフランスの神経学者であるデュシェンヌ（Duchenne, 1862, 1990）でした。彼は、顔面の皮膚の下に電極を差し込み、どこの筋肉を刺激すればどのような表情になるかを調べました。たとえば笑顔は、頬にある大頬骨筋《だいきょうこつきん》と眼の回りを取り囲む眼輪筋、それから口角を上げる口輪筋を刺激するとできあがります。

デュシェンヌは、さまざまな表情にどの筋肉が関わっているかを丹念に調べあげていて、それに感動したダーウィンはヒトと動物の表情の類似性・連続性について書いた彼の著書『人間及び動物の表情』で、デュシェンヌが撮影した写真（図1）の一部を再掲しています（Darwin, 1872)。

図１　デュシェンヌ撮影の表情

ダーウィンはヒトと動物の表情には連続性があり、ヒトの表情は動物の行動（表情）に起源を持つと考えたので、表情は人類で共通だと考えていました。

しかしこの考えが実際に裏付けられたのは一九七〇年代になってからのことで、異文化における非言語的行動を研究していたエクマンたちが米国とパプアニューギニアなどの比較調査をおこなった結果、ようやく実証的な証拠が得られたのです（Ekman & Friesen, 1971）。

エクマンたちが、現地の人たちにさまざまな表情をしている米国人の写真を見せたところ、彼らは表情を正しく言い当てることができました。逆に現地の人たちの表情を撮影し、米国人に写真を見せたところ、米国人も彼らの表情を正しく判別できました。

この研究によって、当時の文化人類学で主流であった、表情や行動は文化ごとに異なるとの考えが否定され、少なくとも「基本六感情」と呼ばれるものは人類に普遍的であると考えられるようになったのです。

基本六感情

その後、エクマンは表情研究の第一人者となり、基本感情に対応した表情をつぎのように定義しています。

①喜び：唇の上端が上がってうしろに引かれ、頬が上がる。
②驚き：眉が上がり、目を大きく見開く。顎が下がる。

③怖れ：眉が上がり、眉と眉の間は狭くなる。額に横じわができる。
④嫌悪：上唇が上がり、鼻にしわが寄って、下まぶたが上に押しあげられる。
⑤怒り：眉の間に縦じわができ、目がふくらんで見える。口は強く閉じられるか、四角状に開けられる。
⑥悲しみ：唇の両端が下がり、視線も下がり気味になる。

わたしたちは感情の違いを見分けられるだけでなく、同じ笑顔でもそれがほんとうの笑顔か、ウソ笑いであるかを区別できます。役者など特殊な訓練をしていない人は眼輪筋を意図的に動かせないので、ウソ笑いのときには眼の回りの筋肉は変化しません。そのほんのわずかな違いを、わたしたちは区別しているのです（真の笑顔はデュシェンヌにちなんで英語ではDuchenne smileと表現されます）。エクマンは、基本感情以外にも、さまざまな表情の動きを一連の筋肉の動きのパターンとして定義しました。

米国で「Lie to me」というタイトルの人気のテレビドラマシリーズがあります。エクマンがモデルとなった地元警察に協力する博士が、取り調べ中の被疑者のわずかな表情の変化からどのような心理状態であるかを見抜いて犯罪を詳《つまび》らかにするというストーリーです。ドラマのなかで、犯人の心情を見抜く鍵となっているのが、エクマンが定義した、さまざまな心情に対応した表情のパターンです。

そのエクマンは、意図的に表情を作ると、今度はそれにつられて実際に感情やそれに対応する生理反応が生じることに気づきました。そして、基本感情を経験しているときには、それぞれに特有の生理状態があることを発見し『サイエンス』誌に発表しました(Ekman, Levenson & Friesen, 1983)。

心拍数、皮膚の表面温度、皮膚電気抵抗水準(微量の発汗)を測定し、それらを組み合わせたパターンを見れば、どの感情を経験しているかがわかるというのです。

「カーッとなる」——怒りを感じたときの身体反応

怒ると、平静状態にくらべて心拍数、皮膚表面温度、皮膚電気抵抗反応(汗)のいずれも上昇します。恐怖では同じように心拍数が上がりますが、皮膚の表面温度が下がります。恐怖を感じると、スーッと血の気が引くような感じがしますが、まさに血管が収縮して血流を抑制し(結果的に血圧が上がります)、皮膚の温度が下がります(図2)。

腹が立ったことを「カーッとなる」や「頭に血が上る」と表現しますが、これはたんなる比喩ではなく、実際にそうなります。昔の人は血液の流れが速くなることや、頭の血流が増えることを経験的に知っていたのでしょう。

怒りを感じるということは、他者に対して攻撃しようとする状態になっていることを意味します。身体に血液を多く送ることで、筋肉の細胞に酸素を行き渡らせ、同時に交感神経系を活性化することで筋肉が強い力を出しやすくして、すぐにでも飛びかかれるようにしているのです。

「怒りで震える」という表現もあります。強い怒りを感じると体内でアドレナリンというホルモンが増加し交感神経系が活性化されることで、筋肉を収縮させる信号が伝達されて、ふだんはバラバラに収縮している筋肉が同時に収縮するので身体が震えるのです。怒りで鳥肌が立ったり、毛が逆立つのも立毛筋が収縮することで生じます。また、怒りを感じると、血圧が高まり毛細血管の先の細胞にまで酸素が届くようになります。このように、自分の意思にかかわらず、自律神経の活動（自律神経系）に変化が生じ

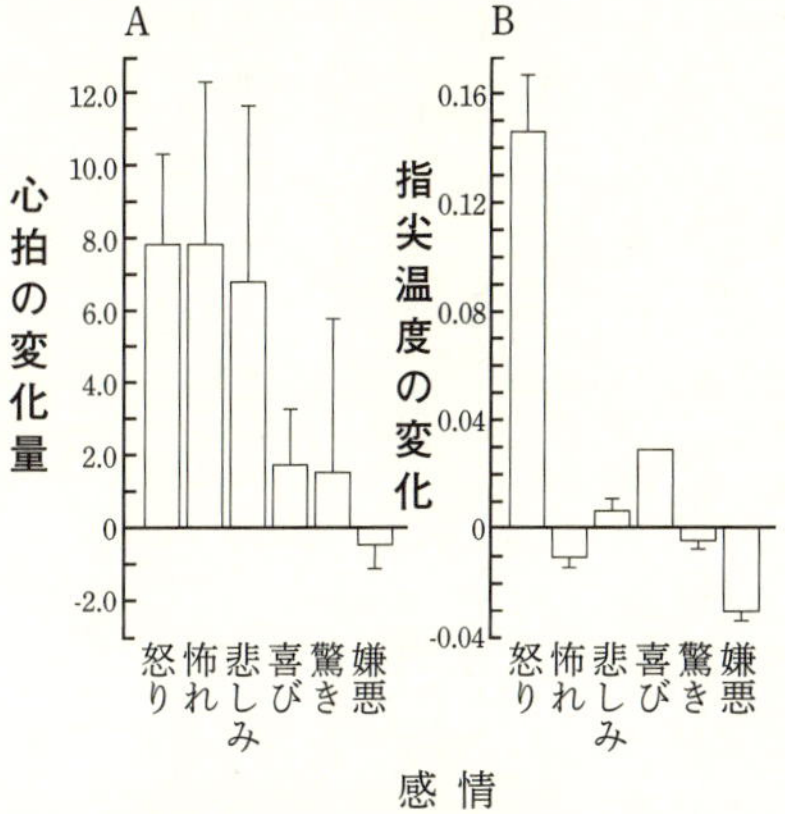

図２　基本感情と生理反応
（Ekman, Levenson & Friesen, 1983に基づいて作図）

ます。

かなり前から、怒ると自律神経系にはっきりとした活動の変化が生じることはわかっていましたが、それが内分泌系（ホルモン）とどのようにかかわっているかは、少し前までは詳しくわかっていませんでした。

そこでスペインのバレンシア大学（所属は研究時。外国の大学で国名のないものは米国の大学。以下同）のヘレロたち（Herrero, Gaeda, Rodriguez-Alarcon, Espert & Salvador, 2010）が三〇人の男性を対象として、怒ったときにホルモンにどのような変化が生じるかを調べました。

実験の参加者の半数は、ほとんどの人が怒りを感じることがすでにわかっている文章を読みました。残りの半数はとくに感情を喚起しない文章を読みました。

文章を読んで怒りを感じる直前と直後に、心拍数と動脈の緊張、それから男性ホルモンであるテストステロンの値が測定され、それぞれの時点でどのような気分であるかを回答しました。

怒りを感じることがわかっている文章を読んだときには主観的に怒りを感じ、心拍数と動脈の緊張は高まり（結果的に血圧は上昇します）、テストステロンの値は上昇しました。テストステロンは攻撃性と関連しているので、怒りを感じたときには神経系や筋骨格系だけでなく、内分泌系も攻撃できる準備状態になっていることがわかりました。怒りや攻撃性とテストステロンの関係については、拙著『ヒトの本性——なぜ殺し、なぜ助け合うのか』で詳しく述べていますので、関心のある方はそちらをご覧ください。

心臓発作を起こすリスク

怒りを感じると心臓・血管の循環器系の活動が高まるため、しょっちゅう怒っていると心臓に相当大きな負担がかかります。

二〇一五年に欧州心臓病学会で発表された研究では、オーストラリアの病院に運ばれた心臓発作を起こすリスクのあった六八七人のうち、実際に心臓発作を起こした三一三人の患者に、発作を起こす四八時間以内に何らかの怒りを感じていたかを尋ねました（Buckley et al., 2015）。

その結果、患者が「極端に強い怒り」を感じてから二時間以内に心臓発作を起こすリスクは通常の八・五倍も高かったのです。

先に述べたように、怒りを感じると、テストステロンだけでなく、アドレナリンや血圧を上げるコルチゾールなどのホルモンが血中に放出されます。その結果、心拍数と血圧が上昇し、糖代謝が活発になります。これらのホルモンは、誰かに攻撃を仕掛けるときに必要となるエネルギー源で、身体を攻撃の準備状態にしています。しかし、そのような状態が過度に生じると身体に害を及ぼします。

アドレナリンやコルチゾールの値が高いと血圧が高いままになり、心臓に大きな負担をかけます。血圧の上昇と血流の増加は、動脈の内膜を損傷し、脂肪の垢がたまる原因になりうるといわれています。

怒りは不眠症や過食、糖尿病を引き起こしやすいインスリン抵抗性（肝臓や脂肪細胞などでインスリンが正常に働かなくなる状態のこと）につながる可能性もあります。

テレビアニメの「サザエさん」を見ていると、お父さんはよく「ばっかもーん」と言ってカツオくんを怒っていますが、あれほど怒りやすいお父さんの身体が心配です。

怒りは相手に近づこうとする気持ちの現れ

怒りを感じると、身体は怒らせた人を攻撃する準備状態になりますが、心理的にも相手に接近しようという動機づけ（気持ち）が高まります。怒りと恐怖は、どちらも不快な感情で、心臓がどきどきすることでは似ていますが、その感情を引き起こしたものに対して接近しようとするか、そこから離れようとするかという点で大きく異なります。

ヒトは怒りを感じた相手に対して攻撃したい、仕返ししたいと強く思うことがあります。これが怒ったときの接近動機づけで、のちに述べる攻撃性の源泉となる心理状態です。

接近動機づけは、怒ったときだけでなく好ましいものを見たときにも沸き上がります。わたしたちは好きなもの（たとえば美味しそうな食べ物や、かわいらしい赤ちゃんなど）を見ると触りたい、話しかけたい、など対象に近づこうとする気持ちになります。

いっぽうで、怖いもの（おばけなど）や気持ち悪いもの（動物の死骸や、嘔吐物など）を見ると遠ざかりたくなります。これはその対象から遠ざかろうとする、「接近」とは逆の「回避」動機づけを感じるからです。

怒りを感じると左脳の前頭部が活性化する

好ましいものに対して接近したいのは理解しやすいかと思いますが、じつは、腹が立ったときにも、近づきたいという前のめりの心理状態になっています。その状態は脳波に表れます。

あるものに接近したいと感じると左前頭部の脳波の活動が高まり、逆に回避したいと感じると右側の活動が高まります。

悲しみや恐怖を感じたときには右脳の前頭部が活性化しますが、これはその状況から逃げ出そうとする気持ち（回避）を反映しているのです。

幸福を感じたときや好きなものや人を見たときには左脳の前頭部が活性化しますが、これは対象に接近しようとする気持ちが反映されています。

怒りを感じたときには、幸福を感じたときと同じように左脳の前頭部が活性化します。このことから、怒りは自律神経系（心拍や血流量や血管抵抗）やホルモンだけでなく、中枢神経系（脳）にも、腹の立つ相手に接近しようとする気持ちが反映されることがわかります。

身体が感情に作用する

強い感情を経験すると、強い身体反応が表れることをみてきました。心と身体が密接に関連しているのですが、この関連は心→身体だけでなく、逆方向（身体→心）にも作用します。

「身体の影響を受ける認知」と呼ばれる考え方で、「温かいコーヒーカップを持った後には態度は寛容になり、逆に冷たい飲み物を持った後には冷淡な態度になる」という結果などが報告されています。

このような研究の嚆矢《こうし》となったのは、ドイツのマンハイム大学のストラックたち(Strack, Stepper & Martin, 1988) の実験です。この実験では実験参加者が二つのグループに分

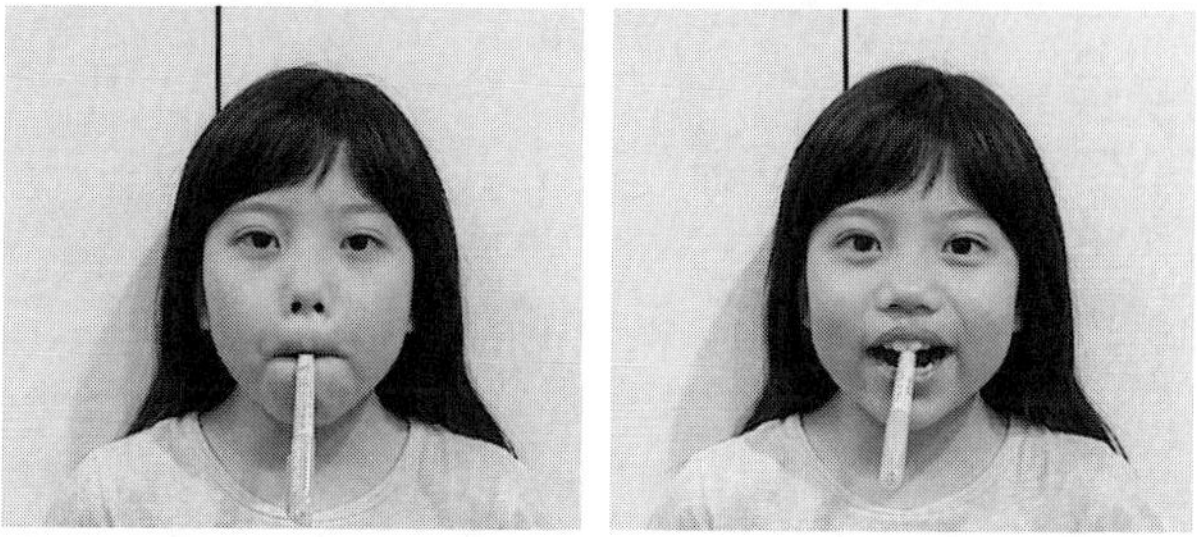

図３　身体と心（Strack, Stepper & Martin, 1988に基づいて再現）

けられて、一つのグループはペンを歯に触らないように唇で挟んで漫画を読み、もう一つのグループは唇にペンがつかないように歯でペンを咥《くわ》えて漫画を読みました（図3）。歯でペンを咥えると笑顔と同じ表情になり、口をすぼませると笑顔を作ることができません。むしろ、しかめっ面のようになります。このような状態で、どれだけおもしろいと感じたかを主観的に評定したところ、ペンを歯で咥えたグループのほうが、同じ漫画をよりおもしろいと評定しました。

むりやり作った笑顔でも、その表情を作っている筋肉のパターンから、楽しい感情である、というフィードバックが脳に送られます。その表情のパターンになっているのは漫画がおもしろいからだ、と脳が誤って解釈するために、主観的なおもしろさが増すと考えられています。逆にしかめっ面をして漫画を読むと、おもしろさが低下します。

ほんとうにこんなことが生じるのか半信半疑でしたが、意外と効果があるようです。NHK・Eテレの番組で女の子がさまざまな実験にチャレンジして身近な疑問を解決するという番組があります。その番組に出演したときに「腰に手を当てて牛乳瓶から牛乳をぐいっと飲む」ということ（動作）をしてもらってから、踏み台昇降をしてもらいました。何も飲まないときと、上を向いて牛乳を飲むという動作をしたとき（瓶から牛乳を飲んだとき）では、三人ともその動作をしたときのほうが踏み台昇降の回数が多くなりました。これは二回目の昇降で、かなり疲れていたはずです。それにもかかわらず上を向くという動作によって、気持ちが上向きになったことで、より多くの階段昇降をこなせたと考えられます。この子たちは、実験の意味を知らずに、ただ頑張って言われた通りにしたので、わたしの期待が反映されたのではありません。

　それらと同様に、誰かと話をしているときに、あまり聞きたくないと思ってしかめっ面をしていると、よけいにその話が嫌なものとして聞こえる可能性があるので、ご注意ください。

「硬い」→「融通が利かない」――触覚・重量と評価

従来の認知科学や心理学では、心と身体を独立した別の存在と考えてきましたが、この二〇年ほどのあいだに、その考えを打ち砕くような研究結果がつぎつぎに報告されてきました。近年の研究は、身体の状態が自身の感情や身体能力だけでなく、他者に対する評価などにも影響を与えることをあきらかにしつつあります。

身体の状態によって判断が影響されることを調べているマサチューセッツ工科大学のアッカーマンたちは、触覚によって他者に対する判断が影響されると予想しました。重さは努力を連想させ、ザラザラした感覚は摩擦を、硬い物質は柔軟性のなさを連想させると考えたからです（Ackerman, Nocera & Bargh, 2010）。

二〇一〇年に『サイエンス』誌に発表されたかれらの研究では、実験参加者が重いクリップボードを持ちながら、ある人の履歴書を読むと、その求職者がより真剣に職を求めていると考える傾向が強くなりました。通行人にアンケートの回答をしてもらった実験でも、重いクリップボードを持った回答者ほど、社会活動に対する政府の財政支援に対して、より大きな金額の支出を支持しました。つまり、重い→重大というように、より重大な問題だと考えたのです。

また、ある人物についての説明を聞いたときに、それに先だって硬い木のブロックを触った参加者は、やわらかい毛布を触った参加者よりも、その人物をより融通が利かない性格だと判断しました。硬いものに触ったことが、性格の堅さと判断することにつながったのでしょう。

さらに、硬いイスに座って自動車の商談をした参加者は、やわらかいイスに座って商談した参加者より、三五〇ドルも値引きの要求額が高くなりました。

「硬い」「やわらかい」「重い」「軽い」という触覚や重量の情報によって、まったく別の判断が影響されるのです。

友人と一緒にいると敵が小さく見える

感情や認知が変化するのは、自分の身体の状態が変化したときだけではありません。自分や他者がおかれた状況によって、物や他者の見え方が変わることがあります。

たとえば、ある男性の写真を見て、その人の身長や屈強さを判断するときに、その男性が銃やナイフを持っていると知らされれば、身長をより高く、屈強さをより強く見積もります（Fessler, Holbrook & Snyder, 2012）。

逆に自分の力が強くなったように感じるときには、自分の身長を高く、逆に相手の身長は低く見積もります（Duguid & Goncalo, 2012）。

これらのことは、写真に写った人が実際にどれだけの大きさであるかということを、かならずしもわたしたちは正確に判断することはできず、自分や相手の状況に左右されるということを示しています。

カリフォルニア大学ロサンゼルス校のフェスラーたちは、仲間と一緒にいると敵が小さく見えるかどうかを調べました（Fessler & Holbrook, 2013）。複数人でいると、敵の大きさや屈強さの見え方が変わり、一人でいる敵をより弱く（小さく、貧弱に）見えると予想したのです。

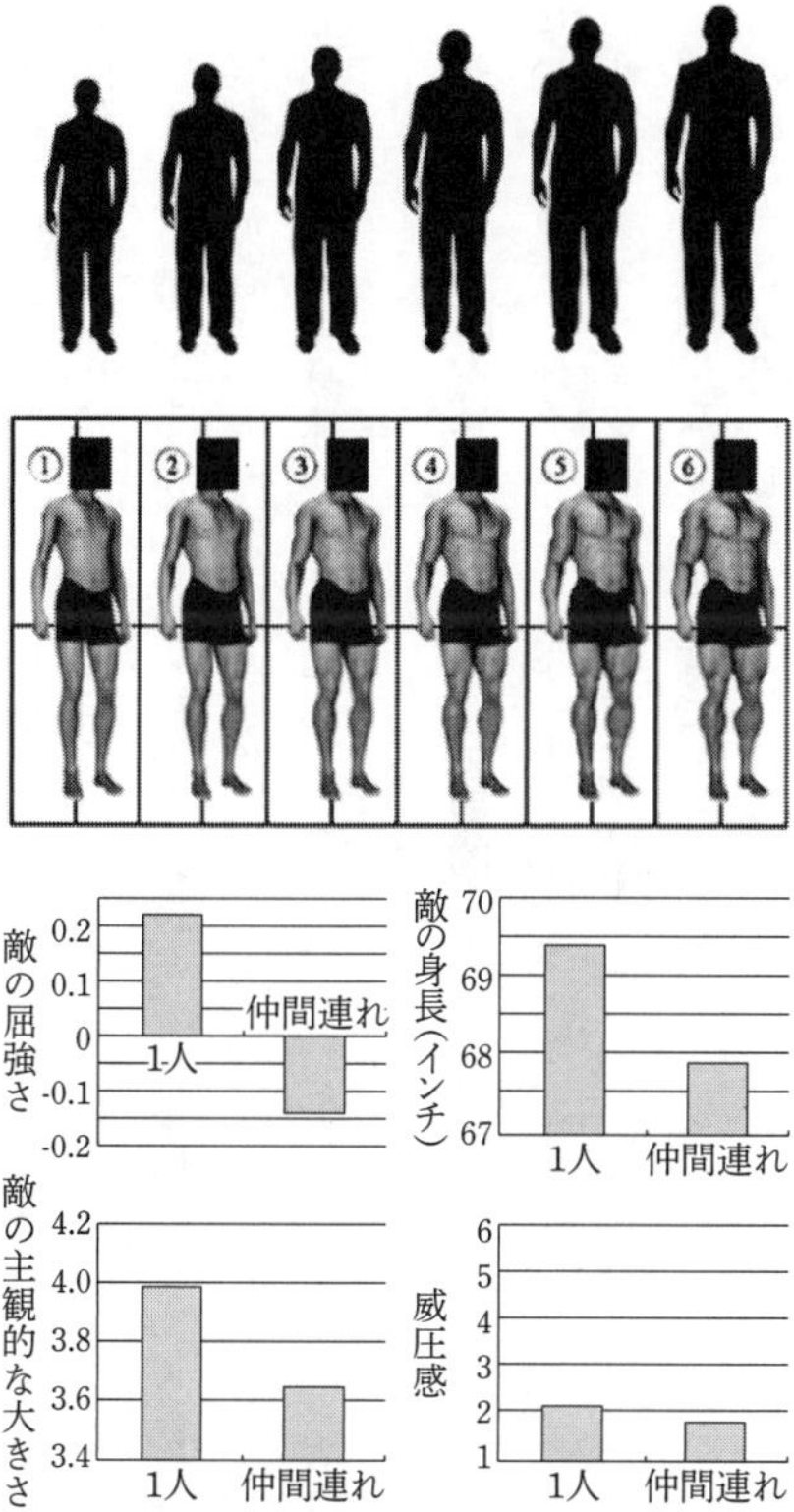

図4　身長や身体の屈強さはどう映るか（写真はFessler, Holbrook & Snyder, 2012、図上段はFessler, Holbrook & Snyder, 2012, 図下段はFessler & Holbrook, 2013のデータに基づいて作図）

実験では米国の国籍を持つ男性だけが集められました。当時の米国はテロとの戦いを強く打ち出しており、ヒゲを蓄えてターバンを巻いて銃で威嚇している、実際のテロ犯を「敵」として選びました（この男が逮捕されたときには米国で大きく報道されました）。

実験参加者は一人で参加するか、二～七名のグループで参加し、「敵」の顔写真を見て、その身長や身体の屈強さは、それぞれどれにあてはまると思うかを答えました（図4）。

その結果、敵の威圧感、身長、主観的な大きさ、屈強さのいずれにおいても仲間と一緒にいるほうが、敵を小さく、弱く認識したのです。

サルやチンパンジーなどの霊長類は集団でいるほど攻撃的になることが知られています。ヒトも集団になると集団間での諍《いさか》いが増えます。

「いじめ」も集団を形成することで、いじめの対象となっている人を、より弱くてちっぽけな存在と認識しているのかもしれません。

拳を握りしめると、脳は怒りを感じる

さて、身体や自分のおかれた状況によって、さまざまな判断が影響されることがわかったかと思いますが、怒りについてはどうでしょうか。

怒りの感じ方も同じように身体の状態によって、強くなったり弱くなったりします。まずは、身体の状態によって怒りが強まる事例についてみてみましょう。

テキサスA&M大学のピーターソンとハーモン＝ジョーンズたち（Peterson, Shackman & Harmon-Jones, 2008）は、左右どちらかの拳《こぶし》を強く握ることで他人への接近動機づけが変化するかを調べました。ピーターソンたちは、右手の拳を握りしめる（怒りの体勢をとる）と、脳が身体の状態を誤認識して怒りを感じるのではないかと予想しました。というのも、怒りを感じると左側の大脳半球が活性化するからです。

大脳の左右の半球はそれぞれ反対側の身体を司っているので、左手の拳を強く握ると右前頭・頭頂部の活動が、右手の拳を強く握ると左前頭・頭頂部の活動が高まることが知られていました。つまり右手を強く握って左前頭部の脳の活動が高まるのは、怒っているときと同じ状態になるのです。

そこで、右手を握りしめる条件（左脳が活性化する）と、左手を握りしめる条件（右脳が活性化）を別々に分析することにしました。

まず大学生の実験参加者は、公的な問題（公共の場での喫煙の是非や学費の値上げ）について短い文章を書きました。

そして、右手か左手の拳を強く握りしめているときに、先ほど書いた文章を別の人が評価したという採点結果が渡されました。採点表には、あらかじめ侮辱して怒らせるように、低い点数がつけられていました。具体的にはつぎのような採点表でした。一～九点の評価で、知性＝三点、親近感＝二点、論理性＝二点、社会的立場＝四点、良識＝三点と採点されており、女性の手書き文字で、「教育を受けた人間がこのような考え方をするなんて、とても信じられません。この人には在学中にもっとしっかりと学んでほしいと思います」と書かれていました。

これまでの研究から、このような評価を受ければ、ほぼ全員が怒りを感じることがわかっていました。わたしたちも、後で紹介する実験（四四ページ参照）で同じやり方を踏襲していますが、たしかに参加者は怒りを感じます。

さて、このような侮辱を受けた後で、侮辱的な評価を下した人（じつは実験の協力者）とゲームで対戦することになりました。相手が負けたときには、大音量の爆発音を与えてよいことになっていました。このときにどれだけ長く爆音を与えるかは、参加者任せでした。

実験の結果は予想通りで、侮辱的な採点結果が返されたときに、左手を強く握った参加者にくらべて、右手を強く握った参加者のほうが前頭葉の左半球が強く活性化していました。そしてつぎのゲームで爆音を与える時間も長くなりました。この左前頭部の活性化の度合いと攻撃の強さはきれいに対応していました。

つまり、怒りを感じたときに右手の拳を強く握っていると、さらに左脳が活性化し相手に接近しようとする動機づけが高まり、そのことで、より攻撃的になったと考えられるのです。

「怒られそうなことを打ち明けるには？」――寝転がると脳は怒りを感じない

では逆に、身体の状態によって怒りを感じにくくすることはできるのでしょうか。テキサスA＆M大学のハーモン＝ジョーンズたちは（Harmon-Jones & Peterson, 2009）、そのことをたしかめてみました。

先ほどの実験と同じように最初に公的な問題について文章を書かせて、それを侮辱することで怒りを誘発させるのですが、今度も採点結果を聞くときに二つの条件を設けました。実験参加者の半数は普通にイスに座ってひどい評価のついた採点結果を聞きました。残りの半数は、リクライニングシートをめいっぱい倒して、ほとんど寝転んだような状態で同じ評価のついた採点結果を聞きました。

その結果、普通にイスに座って採点結果を聞いた参加者は、実験前に測定したときにくらべて、前頭前野の左半球の脳の活動（脳波のアルファ波と呼ばれる帯域の電位）が強まっており、主観的な怒りも強くなっていました。

それに対して、仰向けの姿勢で侮辱的な採点結果を聞いた参加者は、実験前と同じように左半球前頭前野の脳波は活性化しませんでした。

ただし仰向けの姿勢で侮辱的な採点結果を聞いた参加者の不快感は、普通にイスに座って採点結果を聞いた参加者と違いがなく、どちらも強い不快感をおぼえていました。

怒りを感じたときには相手につっかかろうとする気持ちが高まりますが、身体を、リクライニングで寝転んだ状態にしておくと、つっかかろうとする気持ちが弱まるので、怒りの反応が脳の活動として表れなかったのだろうと考えられます。

ほんとうにこんなこと（仰向けになっていると脳は怒りにくい）が起きるのか、しばらく半信半疑でした。

しかし、あるときにNHKの朝の生活情報番組で取材があり、この実験を実際にやってみることになりました。なにも知らされていない東京から来たアナウンサーに、最初に喫煙や消費税増税などについて短い文章を書いてもらいました。そして、あらかじめこちらで用意しておいた数人の大学院生が、その文章を評価したとウソをついてテレビのモニターごしに採点の結果を伝えました。このときに普通に座って採点結果を聞く条件と、座椅子で寝転がるようにして聞く条件の両方で心拍数や脳波を測定しました。

その結果、やらせではないだろうかと思ってしまうような、思った通りのデータが得られました。座って結果を聞いたときには左側の前頭部の脳波のアルファ波が優勢となりましたが、寝転がって聞いたときには、左半球の前頭部の脳波の活動は、それほど活発にならなかったのです（図5）。

その実験結果を受けて、「夫婦間で怒られそうなことを打ち明けるには、ベッドで寝転んでいるときがよいのでしょうか？」とアナウンサーに質問されましたが、案外効果がありそうです。

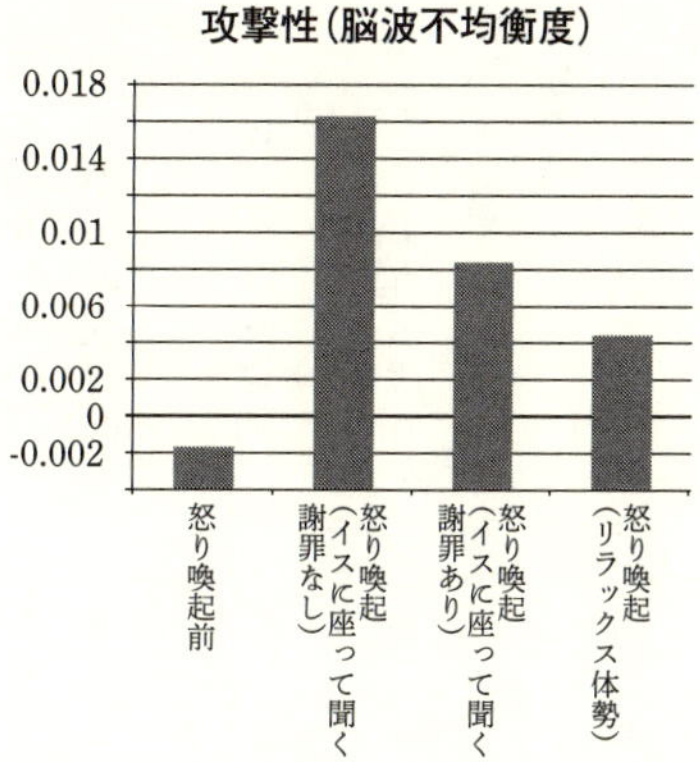

図5　身体の姿勢と攻撃性

何年かして同じ番組で、もう一度同じ実験をすることになりました。今度は大学生が侮辱される役でしたが、同じようにリクライニングを大きく倒した状態では、怒りの反応は生じませんでした。

生活上の知恵はさておき、ハーモン＝ジョーンズたちの研究は、怒っているときに寝転ぶと、不快感は生じているものの、接近動機づけやそれを反映する左の脳の活動は高まらないということを示しており、つぎに紹介するわたしたちがおこなった、怒りは攻撃性の成分と不快の成分に分離できるという研究のヒントになりました。

攻撃性と不快感は別

ハーモン＝ジョーンズたちの研究では、仰向けになった状態で侮辱されると、相手に近づこうとする気持ちを反映する脳の活動は抑制されましたが、質問紙で聞いた「どのくらい不快ですか」という問いに対する回答は、イスに座っていた参加者とほぼ同じくらい高いものでした。

つまり脳では、ひどい評価を下した相手につっかかろうとする気持ちは抑えられているにもかかわらず、心のなかでは不快な気分がくすぶっていたのです。

そのことからわたしたちは、怒りというものは相手につっかかろうとする気持ち（攻撃性）と、なんとなくむかむかする不快な気分が、それぞれ別の次元のものとして存在し、それらを合成したものが怒りの強さとして表れるのではないか、と考えました。

この考えを証明するために、侮辱的なコメントに謝罪の一文を入れる実験をすることにしました。久保賢太さんと岡ノ谷一夫さんとの共同研究です。

当時は、岡ノ谷さんが研究総括（プロジェクトリーダー）として科学技術振興機構の戦略的創造研究推進事業（ERATO）を推進しており、わたしはグループリーダーを、久保さんは研究員をしていました。

このプロジェクトは、テキストメッセージ（書き文字）のやりとりが一般的になった電子通信社会において、失われてしまった情緒や感情の情報をどのように符号化し、現代のコミュニケーションシステムに盛り込むかをめざすものでした。

たとえば、会話での音声のやりとりでは、言葉の意味以外のさまざまな情報が伝えられます。「ありがとう」という言葉ひとつとっても、浜村淳さんのような真心のこもった言い方と、非常に冷たい抑揚のない言い方では、まるで違った意味になることがあります。冷たい言い方で「ありがとう」と言えば、それはむしろ「ありがた迷惑」の意味を含むことにもなります。そういった文字には表れない周辺（パラ）情報を「パラ言語情報」といいますが、結局は感情が言葉の意味まで変えてしまうことがあるのです。

ただしこのような情報はテキストメッセージにしてしまうと抜け落ちてしまいます。それを補うために携帯電話でのメールのやりとりでは、絵文字を使って感情を表現しているといえるでしょう。

そのような本来のコミュニケーションにはかならず含まれていた感情などの周辺情報を理解し、現代の電子通信社会でうまく活かすことをめざした研究の一つとして、怒った相手に簡単な謝罪をすればどうなるか、ということを調べてみたわけです。

謝られても不快感は残る

人と人とのコミュニケーションではさまざまなことが大切です。人間関係を円滑に進めるために、誰かを怒らせればたいてい謝ります。しかし、謝罪は怒りを鎮めるのにどれほど有効なのでしょうか。

わたしたちは誰かを怒らせると慣習的に謝ってきましたが、じつは謝罪が怒りを鎮めるかどうかをきちんと調べた研究はありませんでした。

そこで、わたしたちはハーモン＝ジョーンズたちと同じように、公的な問題について文章を書かせ、それについて侮辱的な評価を返すことで怒りを喚起させました。ただし、実験参加者のうち半数には、コメントの最後に「こんなコメントをしてすみません」というごく短い一文を添えておきました。残り半数には、その謝罪の一文はありませんでした。

実験参加者は、最初にちらりと別の実験参加者（実験協力者）と出会い、あの人と文章を評価し合いますよと伝えられました。脳波や自律神経系の活動指標である心拍数や皮膚電気抵抗反応（ウソ発見器で用いられるものです）を測定する準備を整え、最初の安静状態を記録しておきます。このときにいくつかの心理反応も質問紙で調べておきました。公的な問題について文章を書いてしばらくすると、先ほどの別の参加者が評価した自分の書いた文章の評価結果が返ってきました。これを読んだときに、脳波、心拍数、皮膚電気抵抗反応を記録し、心理反応の回答をしてもらいました。

具体的には、つぎのように文章の作成を依頼しました。

以下の題目のうち、一つを選んでください。その題目に関するあなたの意見について、文章を作成してください。読んだ人が納得や同意ができるように、説得力のある文章の作成を心がけてみてください。作成時間は一〇分です。文章の作成が終わりましたら、別室の参加者とそれぞれの意見を交換し、評価し合います。

・飲酒年齢の引き下げ
・公共の場での喫煙の是非
・学費の一〇％引き上げ

ほとんどの参加者は、交換相手のことを高く評価していました。しかし、どの参加者も手書きで書かれた、つぎのような評価結果（図6）が返されました。

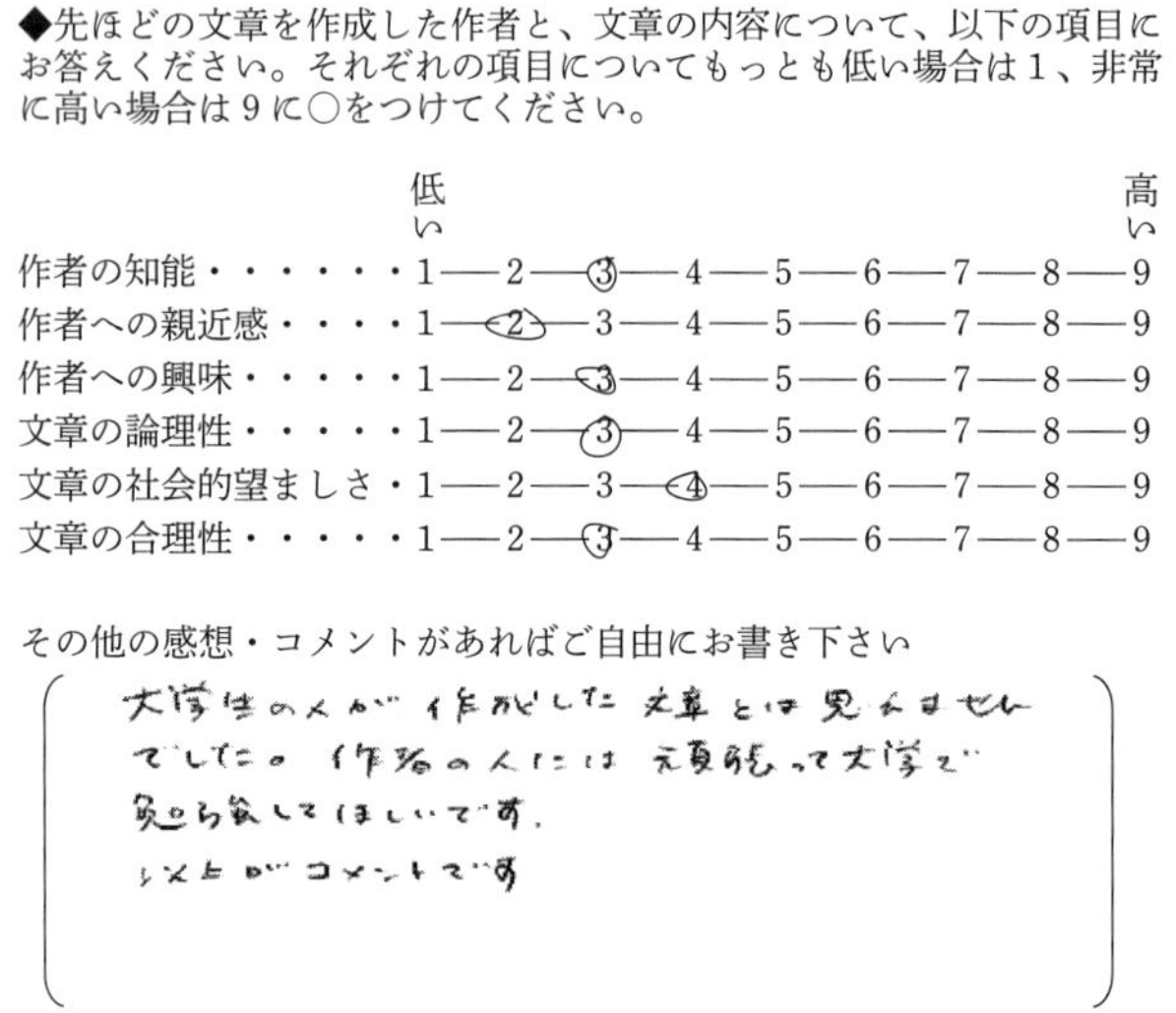
◆先ほどの文章を作成した作者と、文章の内容について、以下の項目にお答えください。それぞれの項目についてもっとも低い場合は1、非常に高い場合は9に○をつけてください。

	低い								高い
作者の知能・・・・・・	1	2	③	4	5	6	7	8	9
作者への親近感・・・・	1	②	3	4	5	6	7	8	9
作者への興味・・・・・	1	2	③	4	5	6	7	8	9
文章の論理性・・・・・	1	2	③	4	5	6	7	8	9
文章の社会的望ましさ・	1	2	3	④	5	6	7	8	9
文章の合理性・・・・・	1	2	③	4	5	6	7	8	9

その他の感想・コメントがあればご自由にお書き下さい

大学生の人が作成した文章とは見えませんでした。作者の人には頑張って大学で勉強してほしいです。
以上がコメントです

図6　評価結果の例

このような侮辱的な評価結果とコメントが与えられた結果、安静状態では左右で均衡していた前頭部の脳波（アルファ波）が左側優位となり（図7a）、心拍数が上昇し（図7b）、皮膚電気抵抗水準も高まりました（図7c）。そして、心理反応では攻撃性（現在、どれほど誰かを攻撃したいと思うか、など）と不快感（現在、どれほど不快であるか、など）も高まりました。

これほど多くの生理・心理反応を同時に計測した怒りの研究はありませんでしたが、個々にみれば、これらの結果は従来の研究で得られたものと一致していました。

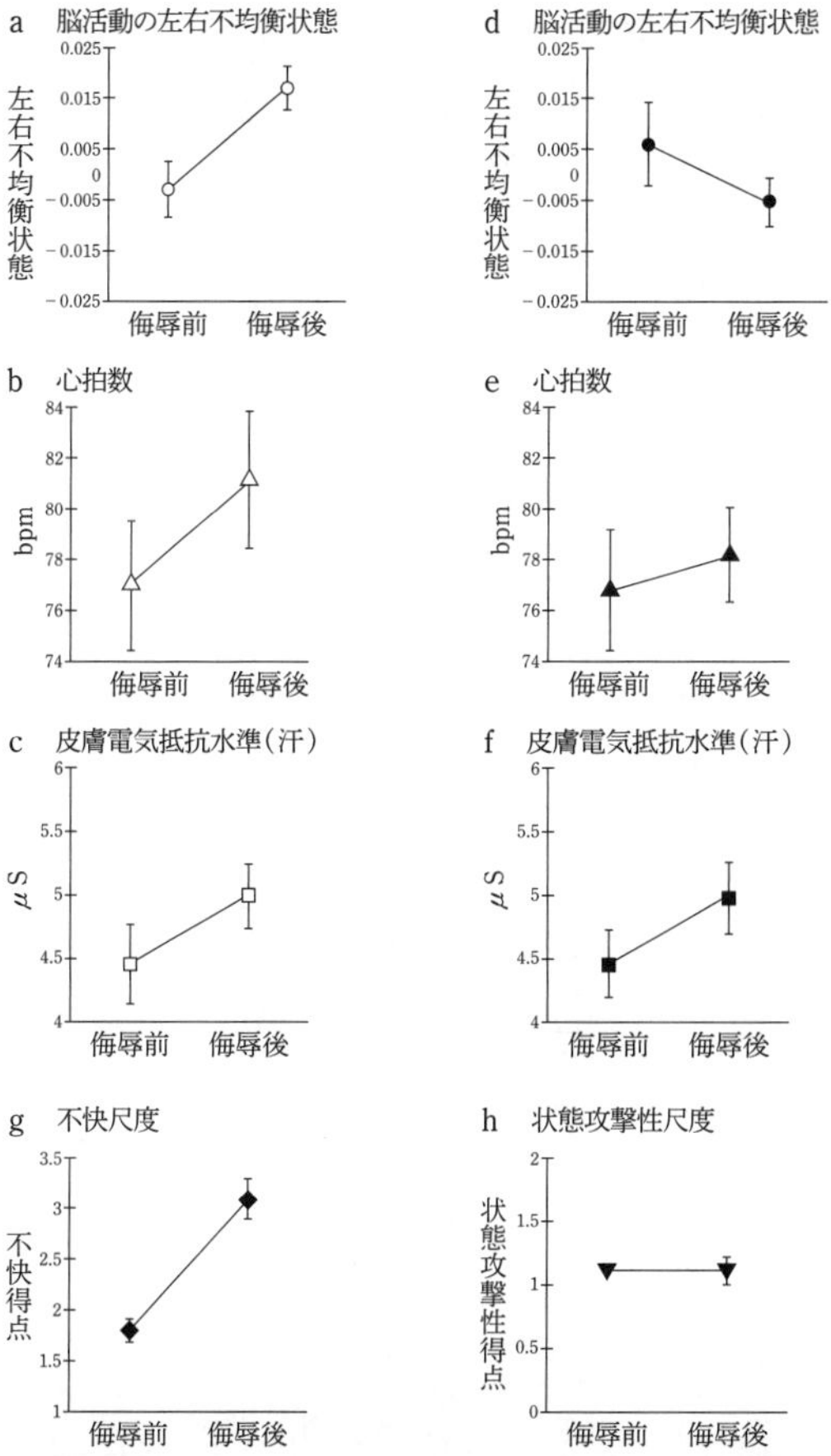

図７　侮辱的な評価結果を受けた前後の生理・心理反応（Kubo, Okanoya & Kawai, 2012, 白抜きの図形○△□は謝罪なし、黒の図形●▲■◆▼は謝罪が添えられた条件）

この実験で、もっとも重要なのは謝罪文を添えたときにどうなるか、でした。この条件の参加者の反応を見ると、皮膚電気抵抗水準（図7f）と不快感（図7g）は安静時より高まっていますが、ほかの指標（図7d、図7e、図7h）は統計的にみれば変化がありませんでした。

謝罪は相手のためでなく、自分が攻撃されないためのもの

こうしてみると、攻撃性得点・脳波・心拍が同じパターンを示し、皮膚電気抵抗水準・不快感が別のパターンを形成していることがわかります。皮膚電気抵抗水準・不快感は謝罪があってもなくても同じように高くなりましたが、攻撃性得点など前者は謝罪によって抑制されました。

これらの結果からわたしたちは、怒りは接近動機づけ（攻撃性）と不快感の二つの軸で合成されるベクトルとして表現できると考えました。

このように考えると、わたしたちの実験結果やハーモン＝ジョーンズたちの実験結果をうまく説明できるのです。すなわち、謝罪されたり、仰向けの姿勢になると攻撃性（前頭葉左半球の脳波が優勢になることと心拍数の上昇）は抑えられますが、別の次元として存在する不快感は抑えられない（図8　下図）、ということです。

この研究が論文として発表されたときに、多くの新聞で報道してもらうことができました。研究成果が新聞で報道されるのは、わたしたちの研究室ではそれほど珍しいことではありませんが、そのなかにも「ヒット」したものと、あまり反響のないものがあります。この研究は、「ヒット」しました。すぐにテレビやラジオでも取り上げられ、実験を実施した久保さんは、ひところテレビやラジオ、講演に引っ張りだことなりました。

怒りは攻撃性と不快に分解できることを突き止めたという学術的なインパクトよりも、謝罪はあまり効果がないという証明に多くの人が納得したからだと思います。

もう少し踏み込んでいうと、この実験で書いたような簡単な謝罪は、じつは「相手のた

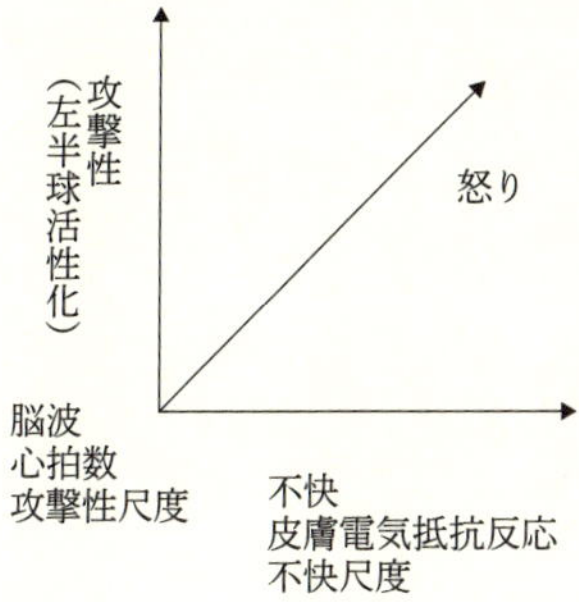

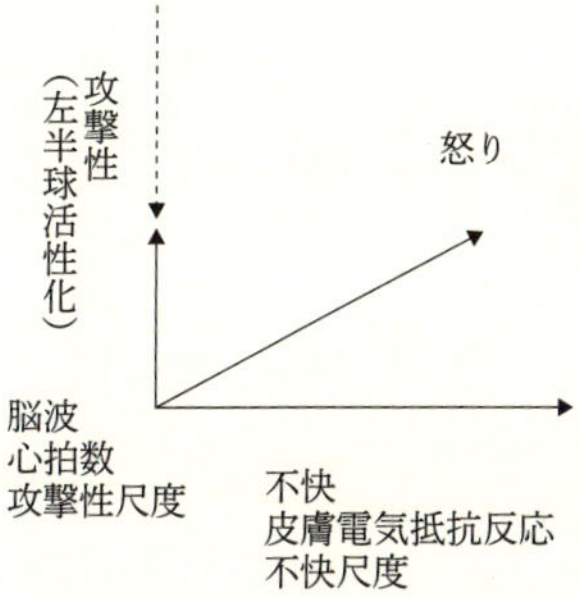

図８（上）怒りの表出が高まった状態における生理反応攻撃性と不快の上昇によって構成される
（下）怒りの表出が抑制された状態では生理反応や心理的な攻撃性が抑制されるが、不快は上昇したまま

めでなく、自分が攻撃されないためにするもの」といえるかもしれません。この実験のように簡単に謝罪すれば相手は不快なままですが、しかし攻撃性が抑制されているので、それ以上こちらに文句を言ったり攻撃することはないのです。つまりこのような謝罪は、怒らせたほうにメリットがあるのです。

この説明に納得してくれる人は多いようでした。しかし謝罪にはまったく効果がないわけではありません。世間でおこなわれている多くの謝罪は、ここで示したような、あまり効果のないものがほとんどなのですが、意を尽くした謝罪をすることによって、相手の不快感を鎮め、真に和解することも可能なのです。その方法は、第三章で詳しく説明します。

マウスの動きの乱れは怒りの表れ——怒りを認識する技術

怒りを脳波・心拍数と皮膚電気抵抗反応の組み合わせで認識できるということを発見したわたしたちは、その知見で特許を申請しました。現在は、国内・海外で特許が公開されています。

怒りの状態を検出する技術というのは、多くの状況で役立つ可能性があります。意外なことに、自分がイライラしているのに気づかないことが少なくありません。怒っている人に、あなたはいま怒っているから気をつけましょうと知らせることで、乱暴な振る舞いを抑制できるかもしれません。

たとえば運転中にトラブルが生じることがあります。米国では車にライフルを積んでいる人もいるので、ロード・レイジといわれる、運転にまつわるトラブルはかなり深刻です。

日本でもしょっちゅう運転のトラブルが起きています。二〇一五年五月には、茨城県で原付バイクに抜かれたとして、四六歳の男性が車をバイクにつっこませて、後に殺人未遂容疑で逮捕されています。

二〇一六年七月には神奈川県の二〇歳の男性が、バイクが自分を追い抜いた際ににらみつけられたと思ったという理由で、そのバイクに車をぶつけ高校三年生の男子を殺してしまいました。自分が怒っていることを知らせる装置を開発できれば、このような運転中のトラブルは減少するかもしれません。

実際、自動車を運転するよりも、もっと身近な状況で怒りを判定する技術の開発が進んでいます。コンピュータ・マウスの動きによって、その人が怒っているかどうかを識別するというものです。

先に書いたように、テキストメッセージからはパラ言語情報（情緒やニュアンス）が抜け落ちてしまうので、普通のメールを書いたつもりでも、ずいぶん怒っているように受け取られたり、あるいは相手を怒らせてしまうことがあります。

インターネットのソーシャル・ネットワーキング・サービス（SNS）では、きびしい書き込み（コメント）がみられますが、情緒やニュアンスが抜け落ちた言葉に反応しあうことで、やがて炎上といわれる状態になるのかもしれません。

通常のメールでも、怒って書いたメールは、かなりきつい調子になります。無料メールサービスを提供するグーグルは、送信後から三〇秒以内であれば送信したメッセージを取り消せるという機能を備えています。

一緒にERATOプロジェクトのグループリーダーを務めていた東京大学の岡田真人さんは、腹が立って書いたメールは送信するまで一晩置くことにしているそうです。これは非常に理にかなったやり方ですが、誰もがそのように我慢できるわけではありません。そのため、自分が腹を立てているかどうかがわかれば、送信するのを控えるという対策をとれるのでトラブルや後悔することを減らせると考えられます。

ブリガム・ヤング大学のジェンキンズは、人は怒っているときにはマウスの動きが不正確になり、動きのスピードもバラバラになることに気づきました。その研究によれば、怒っているときにはマウスを直線にそってまっすぐ動かすことや、なめらかなカーブにそって動かすのが難しくなります。そして意外なことに、不快な感情をおぼえているときにはマウスの動きがゆっくりになりました。

ジェンキンズたちは、この技術を使えばウェブページのデザインの評価に役立つと考えています。ウェブページのある箇所をクリックした後でマウスの動きが乱れると、そこのデザインがあまりよくない、ということです。その箇所を改良すれば閲覧者のイライラが減少するといいますが、この技術をさらに応用すれば、腹を立てて書いたメールの送信を一定時間止めてくれるなど、怒りに駆られて後悔するような行動を減らすのに役立つと考えられます。技術をうまく使えば、電子通信社会でのギスギスしたやりとりを減少させることができるかもしれません。

怒りを表しにくい日本人

わたしたちは、腹が立ったときにやみくもに怒りを表すわけではありません。当たり前ですが、怒りを感じたときでも目上の者には我慢をするので、目下の者に攻撃をする頻度のほうが高くなります（大渕、一九八六年）。また家族や配偶者、恋人など、より身近な人に対して攻撃をしやすいこともわかっています（Richardson, 2014）。

しかし情動の表出には文化の差があることもよく知られています。英国とイタリア、香港、日本で三三の社会関係のルール（ファーストネームで呼び合うべきだ、一緒にでかけたときはごちそうすべきだ、他人に親しげに触れるべきでない、会話をしているときはその人の目を見るべきだ、他人の前で怒りを表出すべきでない、など）をどのように感じているかを調べた研究で、日本人は英国人やイタリア人にくらべて、相手が誰であるか（配偶者、兄妹、社内など）にかかわらず怒りを表しにくいということが示されています（Argyle, Henderson, Bond, Iizuka & Contarello, 1986）。とくに異性の前では、欧州の人だけでなく香港の人よりも日本人は怒りを表出すべきでないと考える傾向が強いことがわかりました。日本人は、ほかの文化の人にくらべて情動を人前で表すべきでないと考えているようで、表出するとしても間接的な方法をとるようです（木野、二〇〇四年）。

しかしその日本人でも、家庭内では、母親が子どもに手を上げたり暴言を吐いてしまうことがあり、そのような相談が多いと報告されています（芹沢、一九九六年。平田、一九九五年）。NHKで怒りを特集した番組に出演したときに、VTRで放送された映像は子どもへの怒りを抑えたいお母さんからの相談でした。

自分の子どもへの怒りは、「しつけのため」という社会的に受容されるような言い訳によって、表出を抑えるタガが外れるのかもしれません。怒りの正当性を高く評価するほど、怒りの表出反応は過激なものになりやすいことも示唆されているので（Ohbuchi & Saito,

1986）、日本のお母さんは、子どもに強くあたってしまうのかもしれません。

相手が誰か、ということのほかに、状況によっても怒りの表出は異なるようです。たとえば、ごくまれに子どもをきつく叱っているお母さんを見かけることがあります。なかには見ているほうが怖くなるほど「叱責している」様子を見ることがあります。

しかし多くの人は、たとえ家のなかで怒ることがあっても、家の外、つまり人目があるところでは、あまり怒りを表にださないのではないでしょうか。だとすれば、他人の目は怒りを抑える働きがあるかもしれません。

「人目」が行動を変える

わたしたちの行動は、他者の目によって影響されます。たとえば、募金箱の側《そば》に、「目」とその回りだけが写った写真を貼っておくと、ほかの写真（花など）が貼られていたときよりも、多くの募金が集まるとの実験結果があります（Bateson, Nettle & Roberts, 2006）。

そのような目の画像がゴミ箱の側に貼られていれば、ゴミ拾い行動が増加し、ゴミの分別も促進されるでしょう。

直接、他人に対する影響を調べた研究もあります。名古屋工業大学の小田亮さんたちの実験です（Oda, Niwa, Honma & Hiraishi, 2011）。小田さんたちの実験では、参加者に独裁者ゲームをおこなってもらいました。独裁者ゲームとは、二人一組になって、一方の人（独裁者）に与えられた金額（たとえば一〇〇〇円）を、もう一人とどのように配分するかを独裁者が決められるというものです。

小田さんたちの独裁者ゲームには、ゲームをしているときに目のイラストが掲げられている条件と、掲げられていない条件の二つがありました。実験の結果、目のある状況でのほうが、より多くの金額を相手に配分しました（より公平に振る舞いました）。

参加者が独裁者ゲームをおこなった直後に、配分額を決めるときに何を考えていたかを調べたところ、目が掲示されていない条件にくらべて目が掲示されている条件では、多く配分しないと受領者から怒られる、と考えていた人は少なく、むしろ自分でも相手でもない、「誰か」が自分のおこないを正しいと認めてくれるはずと期待した人が多かったのです。

虐待防止のヒント——誰かが見ていると怒りは抑制される

話を怒りに戻しましょう。人目があることで、世間への体面といってよい「誰か」を意識するなら、それを用いることで、かならずしも社会的に快く受け止められない怒りを抑制できるのではないかと考えられます。

また、人目があると他人に対して親切になることからも、怒りをぶつけにくくなるのではないかとも予想できます。

このような考えにもとづいて、怒らせたときに人目があるとその怒りが抑制されるかどうかをたしかめてみました。わたしの研究室の浅野暁子さんの実験です。

実験では、これまでのように、別室にいることになっている架空のパートナーと、公的な問題について書いた文章を互いに採点しあった後で低い評価の採点結果が与えられる、という方法で怒りを喚起しました。

採点結果はバインダーに入れて渡しましたが、そのときにバインダーの半分のページには、上の図(図9)のどちらかが挟まれていました。

これら二つの図は、小さい円の配置パターンが異なるだけで、同じ要素の模様が描かれていましたが、上の図は人の顔に見え、下の図は意味をもった図には見えないようにしておきました。

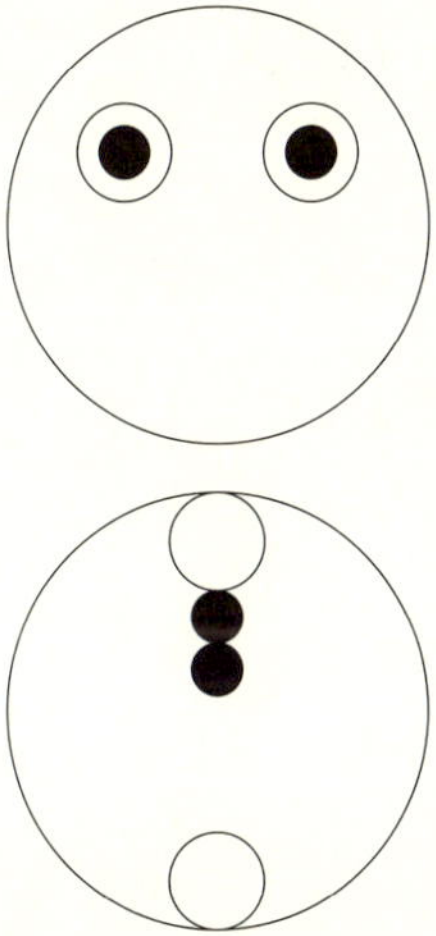

図9　実験で用いた刺激(上は顔画像、下は幾何学図形)

幾何学図形とともに評価を受け取った実験参加者は、これまで通

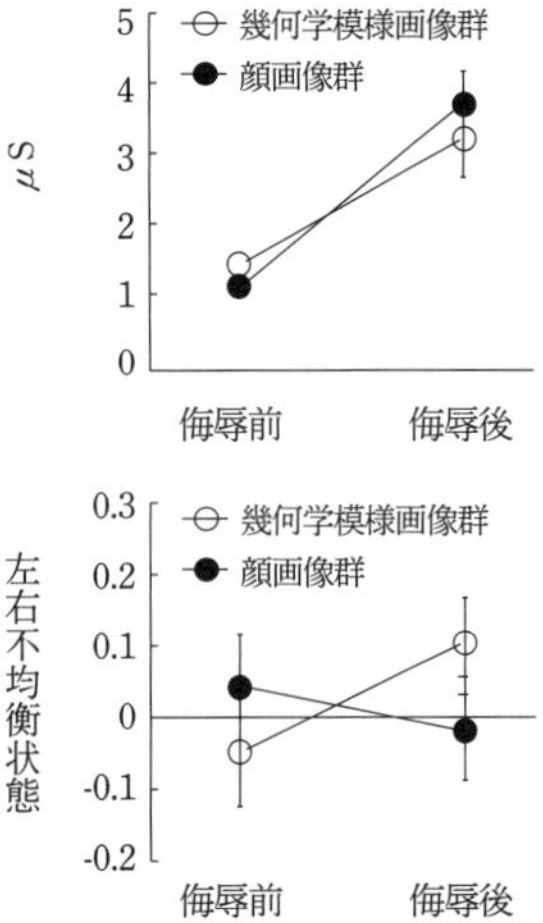

図10（上）各グループの侮辱前後の皮膚伝導水準
（下）各グループの侮辱前後の脳波の左右不均衡度

り、安静時にくらべて左前頭葉のアルファ波の活動が活発になりました。それに対して、顔の絵と一緒に採点結果を受け取った実験参加者は、安静時から変化はありませんでした（図10 下図）。

どちらの参加者も、皮膚伝導水準は、侮辱的なコメントを読んだ後に高まっており、二つのグループで違いはありませんでした（図10 上図）。皮膚伝導水準は、不快感を表していると考えられるので、どちらのグループも同じように不快になったものの、顔の絵を見たグループでは攻撃性を示す左前頭葉の脳波が優勢にはならなかったのです。

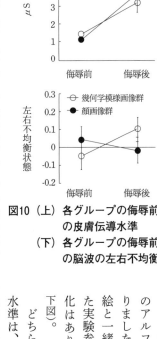

これらの結果は、誰かの目があると、知らず知らずのうちに怒りの攻撃性の成分が抑えられるということを示しています。

近年、介護施設で職員が入居者に暴力をふるったり、なかには殺してしまうという事件が起きています。過酷な状況で働いている職員は、何度言ってもいう通りにしてくれない入居者に（だから入居しているのですが）不満をつのらせ、密室の状況でつい、手がでてしまうのかもしれません。

入居者の家族の顔を大きく写した写真を壁に貼っておけば、イライラしている職員の暴力が少しは抑制されるかもしれません。バカげたことかもしれませんが、コストは、ほとんどかかりません。火の用心のお札を貼るようなつもりで、いまもどこかにいるかもしれない、おびえて暮らす入居者のために、このような試みがおこなわれることを期待しています。

第二章　関係の修復
——怒った人は相手に謝ってほしいのではない

一切れのパンではなく、多くの人は愛に、小さなほほえみに飢えているのです。——マザー・テレサ

役に立つこととは無縁の研究人生

研究をしていると、「何の役に立つのですか?」とよく訊《き》かれることがあり、いつも答えに困ります。立派な研究をされた先生を例に出すのは恐縮ですが、ニュートリノの研究でノーベル物理学賞を受賞された小柴昌俊さんは、よくご自分の研究を「何の役にも立ちません」と仰《おつしや》るそうです。

わたしは大学と大学院を文学部(文学研究科)で過ごしたので、役に立つ研究とは無縁でした。周りの先生や大学院生は、美学や哲学、史学や外国語の研究などをしており、よくもわるくも浮世離れした雰囲気がありました。今では関西学院大学の院長になられた田淵結《むすび》先生がアップルのMacintosh SEという小さなコンピュータでヘブライ語の文章を書いておられるところを見て、はじめてヘブライ語は右から左へ書くのだと知りました。

西洋の哲学書を読むために原語をマスターし、日本史を研究するためにはまず古文書の文字を読めなければならない、という気の長い学問の道が文学研究科には広がっていました。

その後、博士研究員として京都大学の理学部に附置された研究所に行くと、今度は海外のジャングルでサルの骨を発掘したり、異なる地域のサルの糞を集めて、遺伝子の配列を比較している先生や大学院生たちがいて、ここでも役に立つこととは縁遠い研究をされていました。

その後、わたしが名古屋大学に勤めてしばらくすると改組があり、工学系の研究科(情報科学研究科)に所属することになりました。そこで驚いたのが工学系の研究者が、「何の役に立つか?」ということを中心に物事を考えることでした。

文学部や理学部は、「真理」を探究するところなので、「役に立つ」研究は、ともすれば卑しいとさえいわれかねない雰囲気がありました。しかし工学は実学なので、役に立つことが重視されます。

これまでヒトやさまざまな動物を対象にした研究をしてきて、自分の研究が役に立つと考えたことなどありませんでした。しかし、この本を書きながら、ようやく人のためになるかもしれないと思いました。他人のためにならなくても、少なくともわたし自身の身の周りの人間関係に役に立っています。

とくに本章以降で述べる、仲たがいした後で相手に何と言えばよいか、誰かを怒らせたときにはどのように謝罪すればよいか、自分の怒りを抑えるためにはどうすればよいか、ということをみごとな手法で実証してくれた研究成果の数々は、謝らなければならないときや、怒りを抑えるときに役立っています。

本章では、赤ちゃんでさえ怒った人に敏感であることや、配偶者や恋人はケンカをしたあとに謝ってほしいわけではない、という意外な実験結果から仲たがいしたときには何と言えばよいのかをみていきます。

赤ちゃんが最初に気づくのは怒り顔

エクマンが考える基本感情は、「喜び」「驚き」「嫌悪」「悲しみ」「怖れ」「怒り」の六つです。怒り以外の五つは、自然現象や動物によっても引き起こされますが、怒りだけは「他人」にしか向けられません。

くじに当たれば嬉しく感じ（喜び）、大事にしていたものが壊れると悲しくなります（悲しみ）。道端で目にした嘔吐物のせいで不快な気分（嫌悪）になり、イヌに吠えられれば怖い思いをします（怖れ）。突然の雷鳴に驚くことがあっても（驚き）、物や自然の現象に対して、わたしたちが怒りをおぼえることはほとんどありません。でこぼこした道につまずいて転んでも、その怒りをでこぼこ道にぶつけることはできません。自分がつまずいて転んだことのはけ口を、道を整備・管理すべき人に八つ当たりするのが関の山です。

つまり、基本感情のなかでも怒りだけは他者の存在を必要とするのです。別の言い方をすれば、他人とのコミュニケーション状況に特化した感情といえるかもしれません。

そのこともあり、赤ちゃんが最初に敏感に反応する表情は怒り顔です。ドイツ・ライプチッヒ大学／マックスプランク研究所の認知・脳科学分野のストリアーノたちは、生まれて四ヵ月の赤ちゃんに三種類の表情（表情のない中立顔、笑顔、怒った顔）の写真を見せて、それぞれの正面を見すえた顔と、視線を逸《そ》らせている顔の違いがわかるかを調べました(Striano, Kopp, Grossmann & Reid, 2006)。四ヵ月の赤ちゃんといえば、ようやく首が据わったくらいなので、好きな表情の顔に自分で手を伸ばしたり、長く見つめるということはできません。そこで赤ちゃんの脳波が測定されました。三種類の表情で正面を向いている顔と、視線を逸らせている顔を対にして、それらの違いが脳波に表れるかを調べたのです。

そうすると、中立顔と笑顔では、正面を向いていても、視線を逸らせていても、脳波は同じパターンになりましたが、怒り顔では視線の違いによって脳波のパターンが変化しました。つまり怒り顔のときだけ、自分のほうを見ているか見ていないかで違いが生じたのです。以上から、かなり幼い段階から怒り顔が自分のほうに向けられているかどうかを敏感に感じ取っていることがわかります。

ストリアーノの実験に参加した赤ちゃんたちは、家で激しい暴力を目にすることのない、ごく普通の赤ちゃんたちでした。それでも幼い頃から怒り顔に敏感に反応するのは、進化の過程で怒り顔に対する敏感さが培われたからだという説があります。

ヒトは集団で暮らすので、昔から周りに家族以外の人もいました。怒り顔を表している人の近くにいると危険なので、すばやく察知してなるべく遠ざかるほうが身の安全を確保できます。やがて、怒り顔に敏感な性質が神経回路に組み込まれるようになった、というわけです。わたしたちのサルを対象とした実験でも、やはり怒り顔をすばやく見つけました（第四章）。

怒った人が側にいると、ついついそちらに注意が向くのはそのような理由があるからです。怒った人を気にしないで過ごすにはどうすればよいかについては後の章（第四章）で述べます。

赤ちゃんでさえ怒られそうなことはしない

わたしたちは、なるべく人を怒らせないように心がけて暮らしていますが、なにをすれば怒られるか、というのはいちいち学習しなければなりません。欧米では土足で室内に入りますが、日本で同じことをすれば叱られます。お箸の使い方ひとつとっても禁忌事項がたくさんあり、ある行動が怒られるかどうかをひとつずつおぼえるのはたいへんです。

わたしたちは、どうやって多くのルールをおぼえてきたのでしょうか。おそらく、周りの人がして怒られたことを自分はしない、というように模倣や観察を通じて学習したのでしょう。わたしたちは生まれたときから周りで起きていることをスポンジのように吸収する能力があり、多くのことをおぼえていきます。いったい、何歳くらいから、周りの人を見て怒られないように行動を調節できるのでしょうか。

四〇年以上も赤ちゃんの模倣について研究をしてきたワシントン大学のメルツォフたちは、生後一五ヵ月の赤ちゃんが、ほかの大人が怒られているところを見ると、自分もその行動を控えるということをあきらかにしました（Repacholi, Meltzoff, Rowe & Toub, 2014）。

一五ヵ月の乳児といえば、平均的にはようやく最初の言葉がではじめる頃です。多くの人は、この月齢の赤ちゃんは、大人たちの行動の意味をほとんど理解していないと考えているのではないでしょうか。

男女一五〇人の一五ヵ月児が実験に参加しました。実験の最初は、お母さんの膝に座って目の前の実験者がテーブルの上のオモチャをどのようにして遊ぶかを見ていました。オモチャは音が出て稼動し、複数の動かし方が可能でした。はじめて見るオモチャなので、赤ちゃんたちは、熱心に実験者のやり方を見ていました。

赤ちゃんがじゅうぶんにこの動作を見ると、第二の登場人物がやってきて向かいにいる実験者の隣に座ります。この人は「おこりん坊」で、実験者がこれまでのようにオモチャで遊んでいると、その遊び方には腹が立つと怒った口調で言いました。

それから赤ちゃんにオモチャが渡されて自由に遊ぶことができましたが、あるグループの赤ちゃんが遊ぶときには、「おこりん坊」は背中を向けていて赤ちゃんを見ませんでした。別のグループの赤ちゃんが遊ぶときには、向かいの「おこりん坊」は赤ちゃんのほうを向いて雑誌を見ていました。

「おこりん坊」が背中を向けていた赤ちゃんたちは、実験者がやったのと同じやり方で遊びました。どうやって遊んでもよいのですが、赤ちゃんや子どもは大人がしていることをやたらとマネするので、ほとんどの赤ちゃんは実験者と同じ動かし方をしました。

もう怒っていない「おこりん坊」が雑誌を見ている条件では、赤ちゃんはオモチャに触るのを平均して約四秒もためらい、ようやくオモチャに触っても、ほとんどの赤ちゃんは実験者が遊んでいたのとは違うやり方で遊んだのです。

これらは、赤ちゃんは「おこりん坊」がどのような遊び方に怒っていたかをおぼえていること、「おこりん坊」が見ていないところでは大人（実験者）と同じ遊びをしても怒られないこと（「おこりん坊」が見ているときにその遊びをすれば怒られること）を理解していることを意味しています。

我慢強い赤ちゃんほど学童期以降の生活態度が良い

さらにこの研究では親に聞き取りをしており、赤ちゃんがどのくらい衝動的かを調べています（赤ちゃんは何かをする前にどのくらいの時間考えますか？　など、いくつかの質問の回答が得点化されます）。

衝動的な行動を抑える能力はセルフ・コントロールといわれます。セルフ・コントロールは生後三年までに獲得される、社会でうまくやっていくためにもっとも重要な能力の一つで、この得点は長じてからの学業成績とも関連することが知られています（第四章参照）。

ほとんどの子どもは、「おこりん坊」が見ているときには実験者のマネをしなかったので、すでに一五ヵ月で、ある程度のセルフ・コントロール能力をもっていることがわかります。しかし個人ごとの差も見られ、衝動性得点が高いほど（あまり考えずに行動するほど）「おこりん坊」が見ているときでも、実験者が怒られていた行動をマネしてしまう傾向がありました。

それから五年以上経ち、この赤ちゃんたちが就学してから追跡調査がおこなわれ、一五ヵ月齢での行動が、長じてからの行動を抑える能力と関係していたかどうかを調べたところ、驚いたことに、赤ちゃんのときのセルフ・コントロール得点が、小学校に入ってからのルール遵守行動と関連していました。つまり、わずか一五ヵ月齢で怒られそうな行動をマネするかどうかで、学校でルールを遵守する程度を予想できたのです。

カップルの関係の維持や修復

多くの人にとって、いちばん密接な人間関係は家族の関係です。親子関係は血縁に基づくので、たとえ大きな葛藤があっても関係が解消されることはありません。

それに対して、家族のなかでも夫婦はもともと他人なので、関係が解消されることもあります。実際、日本でも年間に約六四万四〇〇〇組の夫婦が結婚し、約二二万二〇〇〇組が離婚しています（二〇一四年）。つまりある年を切り出して計算すれば、（ちょっとした数字のトリックでもありますが）三組に一組が離婚しているのです。

米国では離婚するカップルの割合はさらに多く、夫婦関係の維持は切実な問題です。日本では夫婦の問題に第三者が口をはさむことは滅多にありませんが、米国では夫婦が関係を修復するためにカウンセリングを受けるのは珍しくありません。

人間関係のすべてが夫婦関係に集約できるわけではありませんが、関係が法的に規定されるという意味も含めて、友人や同僚、上司・部下の関係にはない深刻な関係が夫婦間にあります。そのため、米国ではカップル（夫婦や同棲して暮らす恋人同士）の関係維持・修復についての研究が盛んにおこなわれています。

ケンカした後は、コミュニケーションをとるほうが仲直りしやすい

夫婦ならば、たまにはケンカをします。ケンカや仲たがいをしたときに、たとえお互いに腹立たしい気持ちをもったままでも、コミュニケーションするほうがよいのか、あるいは冷却期間をおいたほうがよいのでしょうか。

この問題をあきらかにするためにベイラー大学のサンフォードは、インターネットの調査サイトに登録した、最近パートナーとケンカをして腹を立てたことのある、結婚中または同棲中の七三四人を対象に、ケンカの程度やその後のコミュニケーションがどのように仲直りに関係していたかを調べました（Sanford, 2014）。

この調査では、ケンカをしたときに相手に腹を立てた程度や、いまはそのケンカのことをどう感じているかを点数で答えました。その結果、たとえケンカが深刻なものでも、相手と多くコミュニケーションした人ほど、現在の関係に満足していることが判明しました。

そのコミュニケーションが穏やかなものか、険悪で不快なものかは関係ありませんでし

た。しかしケンカの後でコミュニケーションが少なかった人ほど、現在の関係に満足していませんでした。ほとんどの人は、まだ仲直りできていなかったのです。

つまり、お互いが眉間にしわを寄せたままでも、ケンカの後ではコミュニケーションをとったほうがケンカの解決につながり、結果的にはその後の二人の関係に満足するのです。

ケンカが大きいほど相手に怒りを感じますが、ケンカの大きさと仲直りしたかは関係ありません。ケンカをした後は口を利くどころか、顔を見るのや名前を聞くのさえ嫌というような気持ちになることもあります。わたしも、腹を立てて何年も口を利かなかった人たちがいました。それだけ長い時間、交流が途絶えたのはコミュニケーションしなかったせいです。いまになってようやく理解できました。

誰かとケンカをしてしまったら、冷却期間をおこうとか自分の腹立ちが収まるのを待つのも悪くありませんが、積極的にコミュニケーションすることをお勧めします。サンフォードたちがおこなった一連の研究から、コミュニケーションするほど関係が改善されることが期待されるのです。

関係の修復に謝罪は重要ではない

サンフォードたちの別の研究によれば（Sanford & Wolfe, 2013）、険悪な雰囲気でもケンカの後にはコミュニケーションしたほうがよいとのことですが、お互い険悪な雰囲気で話をすれば、ケンカが再燃するかもしれません。どのようにコミュニケーションすればよいのでしょうか。

サンフォードは、ケンカをしたカップルがお互いにどのような対応を求めているかを別の研究で調べています。パートナーとケンカ中のおよそ一〇〇〇人を対象としたインターネットの調査では、サンフォードがすでに三五〇〇人以上を対象におこなった別の研究から導きだした、ケンカの背景にある二種類の原因に注目しました。

その原因の一つは、パートナーから「脅威を感じること」です。具体的にいうと、パートナーから攻撃されている、自分の立場が批判されている、支配されている、と感じることです。

もう一つの原因は、パートナーから「大事にされていないと感じること」です。言葉のとおり、パートナーから愛情を感じられない、ぞんざいに扱われている、ないがしろにされている、と感じることです。

ケンカ中のカップルたちがパートナーに求めているのは意外なことでした。もっとも強くパートナーに求めるのは、自分に対して「強くあたらないでほしい」ということだったのです。これは、暴力だけでなく、言葉や態度も含みますが、それだけではありません。自分を独立した個人として扱い、敬意を払い、一方的に要求したり求めたりするのではなく、協力するために少し妥協してほしいと考えることも、「強くあたらない」ということに含まれていました。これらはパートナーに脅威を感じる状況を解消してほしいという気持ちを表しています。

もう一つ強く求めていたのは「愛情を示してほしい」というものでした。具体的には一緒に旅行をしたり、もっとささやかな、たとえば一緒にお皿を拭くといった雑用を協力することでさえ良いのです。そのように一緒に活動をしたり、親密な気分を共有したり、話を聞くということを通じて、自分に投資してほしいと感じていました。

この研究では二つの調査がおこなわれています。最初の調査では、四五五人の結婚している人たち（年齢は一八〜七七歳：結婚歴は一〜五五年）が、現在も継続中のケンカについて、望ましい解決法を自由にリストアップしました。ケンカの程度は、ちょっとした意見の食い違いから大ゲンカまでさまざまでした。これらの回答からいくつもの解決法が抽出されましたが大きく分類すると、望ましいと考える順につぎの六つになりました。

・強くあたらないでほしい（二一・二二）

・自分のために（時間や協力などの）投資をしてほしい（一・八二）
・もっとコミュニケーションをしてほしい（〇・八三）
・敵対的な行動をやめてほしい（〇・八二）
・愛情を注いでほしい（〇・二二）
・謝罪してほしい（〇・一四）

（　）内の数字は、それぞれのカテゴリに該当するとされた記述の数の平均値を示しています。つまり、多くの人は相手に対して、「強くあたらないでほしい」や「自分のために投資をしてほしい」に分類されるような文を平均してそれぞれ二つくらい書いていたということです。

興味深いのは、ケンカの深刻さやその原因によらず、「謝罪」を望む人はもっとも少なかったことです。つまり、ケンカをした後で仲直りするために相手から聞きたい言葉は、「すまなかった」や「ごめんなさい」ではないのです。

第二の調査では、別の参加者が第一の調査で絞り込まれた解決法に対し、それぞれ、どの程度相手に望むかを点数で回答しましたが、同じパターンの結果になりました。

つまり、もっとも強く求めるのは、自分に強くあたらないこと、つぎに求めるのは、自分にもっと投資をしてほしいということだったのです。

パートナーとケンカをして仲直りしようとするときには、相手が不機嫌になっている原因が自分に「脅威を感じている」のか「愛情が少ないと感じている」のかを見極める必要があります。たとえば、自分への愛情が少ないと感じているパートナーに対して花やケーキを買って帰るのは有効ですが、もし脅威を感じていることが原因だとすれば、そのプレゼントは役に立たないでしょう。

しかしこの研究でもっとも興味深いのは、仲直りのために謝罪するというのは、相手の求めていることとはまったく違う、ということです。

さっさと謝るのは逆効果

仲たがいをしたときに、相手は謝罪を求めているわけではないことはわかりましたが、相手が怒っていて、こちらが和解するつもりがあるなら、謝らないといけない気持ちになります。

結局、謝罪をするなら、できるだけ早く謝罪するのがよいのでしょうか。もちろん、状況によってはそれがもっとも望ましいこともありますが、カップルのあいだでケンカやもめごとが起きた後に「さっさと謝って、話を終わらせる」のは、絶対にやってはいけない、と夫婦関係の研究者はいいます。なぜならば、ケンカの原因となった根本的な問題が解決していないままだからです。

ブラッドリー大学のシュミットたち（Schmitt et al., 2003）が五六ヵ国の一万七八〇四人を対象としておこなった大規模調査で、ケンカの対処方法は男女で違いがあることがわかりました。一般的には男性のほうが好戦的と考えられていますが、この調査ではむしろ女性よりも男性のほうが争いを避ける傾向が強いという結果が得られました。

もちろん例外もありましたが、ほとんどの国で女性よりも男性のほうが嫌な感情やケンカ後の話し合いを避けたがる傾向がありました。それに対して、女性はとことん話し合いをしたがり、話をそらしたがる男性とは、ケンカに対する態度が違ったのです。

夫婦や職場の人間関係について研究するワイドナー大学のショーリーは、「関係を修復するうえでもっとも大切なのは、人間関係においてもめごとが発生するのは当たり前と理解することです。言い争いを避けるのではなく、うまく対処するほうが建設的でよいでしょう」とアドバイスしています。ショーリーは仲直りするための五つのステップを挙げています。これらの根底にあるのは、「相手が自分に何を求めているのか」を考えることです。とくに大事なのは、最初に挙げられた、まだお互いが腹を立てているのにケンカを収めるために安易に謝らないことだといいます（Shorey, 2014）。

・ケンカを収めようとして安易に謝らないで、お互いに怒りが鎮まるまで待つこと
・自分が正しいとの思い込みを捨てること
・相手の立場に立って考えてみると、他の人はどう感じると思っているかを話してみること
・相手が感情をぶつけてくることを攻撃だと考えないこと
・自分は態度を変える意思があることを示すこと

安易な謝罪がダメな理由

「安易に謝らないこと」というのは、ケンカをした相手が謝罪を望んでいないというのもありますが、それよりも重要なのは、相手がまだ腹を立てているときに「ごめん、わたしが悪かった」と言っても、「その通り」と言われれば、またケンカが再燃する可能性があるからです。相手が望んでいるのは、(口先だけの安易な) 謝罪ではない、ということを頭にいれておく必要があります。

つぎに、「自分が正しいとの思い込みを捨てること」ですが、誰もが自分の立場でものごとを考えます。そのため、ケンカの責任は自分にはないと思い込みがちです。しか

し、「絶対にまちがっていないのは相手の感じ方」なのです。

自分の思い込みから脱却するためには「相手の立場に立って考えてみること」が大事です。たとえば、週末にパートナーと一緒に外出しなかったことでケンカになったとします。あなたにはどうしても週末に済ませておきたい用事があったからなのかもしれません。しかし相手の立場に立てば、あなたが一人で外出したことで自分がないがしろにされたと感じたかもしれません。

このことが理解できれば、「週末に一人で出かけたことは悪いとは思っていなかった。しかし、今ではそのことで嫌な思いをさせたのはわかる」というように、相手の立場に立った謝罪が可能になり、関係を修復しやすくなります。

わたしも腹が立ったときに、いかに自分に正当性があるかを考え、そのことを確信してよけいに腹を立てることがありますが、そんなときには相手には相手なりの事情があってその人にとって正しいと思う判断があったならどうだろうか、と考えてみます。そうすると、自分の怒りがかならずしも正当性をもったものではないという気持ちになり、少し怒りが鎮まります。

ここで大事なことは、「悪かった。でも……」と自分を正当化したり、逆説的な言葉を使わないようにすることです。もし、言い訳をすれば、相手の立場に立った謝罪はまったく効果がなくなります。

「相手が感情をぶつけてくることを攻撃だと考えないこと」に基づいた具体的な対処例を考えてみましょう。やっとの思いで自分が謝ったのに「その通り、あなたの態度にはほんとうに腹が立つ」と言われれば反論したくなります。しかし、うなずくだけで反論せず、(仮に口論で自分も傷ついたとしても) 相手が傷ついている (と感じている) 責任をとらなければ問題は解決しません。

「自分は態度を変える意思があることを示す」というのも関係の修復に重要です。仮にこのケンカが収まっても、同じ状況でまた同じことをすれば、相手は同じように傷つきます。相手が「どうせまた同じことをくりかえすのね」と感じているなら、関係は修復できません。そのために、自分が態度を変えるという意思を示す必要があります。

ショーリーは謝罪にまったく意味がないと考えているわけではありません。ここで述べたのは、ショーリーがカウンセリングなどをしてきた経験則にもとづいて導きだしたものです。

どれも納得できるものばかりで、自分の失敗例が蘇《よみがえ》ります。しかし、これらは適切な謝罪とはどのようなものかを実証的に示したものではありません。

実証的な研究にもとづいた効果的な謝罪法を、つぎの第三章で詳しく説明します。

第三章　効果的な謝罪

もし自分が間違っていたと素直に認める勇気があるなら、災いを転じて福となすことができる。過ちを認めれば、周囲の者がこちらを見直すだけでなく、自分自身を見直すようになるからだ。

――デール・カーネギー

子どものケンカは謝罪が有効？

長男が三歳になったばかりの頃、たまに八歳の長女とケンカをしていました。五歳も年齢が違えば、そもそもケンカにならないと思っていたら、意外とちゃんとした口ゲンカをしていました。

そのうちケンカをやめるのですが、おもしろいのは「子どもルール」です。どちらかが、「そっちが悪いんだから、ごめんって言って」「ごめん」「いいよ」でケンカが終わります。その後は、それまでのことを忘れたかのようにケロッとしています。

おそらく保育園でこうやって仲直りするように言われているのでしょう。三歳の弟はよく姉に謝罪を要求しました。しかし、八歳の姉も、ときどき三歳の弟に謝罪を要求するのです。一言の謝罪で納得することをいつも不思議に思いながらも、少し羨ましく感じていました。

ここまでは、怒った人や仲たがいした相手に謝罪してもあまり効果がないと説明してきました。しかし、社会で暮らすうえで謝らないわけにはいかない、という事情も多々あります。そのようなときにはどうすればよいのでしょうか。

じつは、謝罪に効果がないのではありません。多くの人が「適切な謝罪」ができていないだけなのです。本章では、どのような謝罪が効果的なのかをみていきます。

許容される謝罪の条件

中学生や高校生の頃、授業態度が悪い級友が先生からよく叱られていました。先生に反発を感じていた級友たちは、「すいませーん」と形だけ謝って、よけいに先生を怒らせていました。

わたしたちは謝罪が形式だけのものか、反省に基づいた心からのものかを見抜くことができます。同じ謝罪でもそれがどのようなものかによって、謝られたほうの気分はまったく違ってきます。

小学校にあがったばかりの子どもでさえも、謝罪の仕方によって気分が変わります。ヴァージニア大学のドゥレルたちは、六〜七歳の子どもが、四種類の対応の仕方に対してどのように感じるかを調べました（Drell & Jaswal, 2015）。この実験では、子どもは実験協力者の大学院生とともに並んで座り、二色のカップが赤青赤青赤青……とすでに途中まで交互に積まれたタワーを最後まで完成させるという課題に取り組みました。課題の途中で実験者は退出し、子どもがさらにカップを積み重ねてタワーの完成が間近になったところで、隣の大学院生が「うっかり」タワーを倒しました。その後すぐに実験者が戻ってきて、実験が終了しました。

とうぜん子どもたちはかなり腹を立てました。ここで子どもたちは、タワーを倒した大学院生から、つぎの四種類のいずれかの対応を受けました。それは、(1)すぐに「ごめん」と謝る、(2)実験者が促してようやく「ごめん」と謝る、(3)子どもがやり直すのを手伝う、(4)なにも言わない、のいずれかの行動でした。

そして、子どもたちは大学院生の対応への満足度と、それに対する許容度を点数で答えました。その結果、子どもたちは、(1)補償の申し出、(2)自発的な謝罪、(3)促されての謝罪、(4)謝罪なし、の順で満足していましたが、許容可能だったのは補償の申し出だけで、ほかの三つの条件はどれも同じくらい低い得点でした。

この研究から、小学校一年生の子どもでさえ、受けた謝罪が、自発的におこなわれたものか、促されたものかによって、謝罪に対する満足度が異なることがわかりました。

おもしろいことに、補償の申し出は自発的な謝罪よりも高く評価されました。つまり謝られるよりは、元に戻してほしいと感じていたのです。

わたしはこの結果を見てすこし意外に感じました。というのも、米国の小学生ともなれば、初代大統領ジョージ・ワシントンのサクラの木の逸話を知っているだろうと思ったからです。じつはこれは創作だそうですが、ワシントンが子どものときに、父からもらった斧《おの》でサクラの木を切り、それを見つけて怒った父に「自分がやりました」と率直に告白したところ、正直は美徳であると褒められたという逸話です。

しかし現代の米国の小学生にとっては、罪を告白したり謝罪したりするだけでは不十分なようです。もしサクラの木が切られたなら、接ぎ木をするなどして補償しなければ、かれらは満足しないし、赦《ゆる》しもしないのかもしれません。

実際の謝罪は想像した謝罪ほどの効果はない

わたしは勝手に悪い状況を想像して腹を立てることがあります。たとえばレストランなどで注文しても、一向に何も出てこないといったときは、注文が忘れられたままになっているのではないか、などと想像して、だんだん腹が立ってきます。そうすると、そのこととは関係のない周りのお客さんのタバコの煙なども気になってイライラする、なんてことがあります。

そのように、不快な事態や逆に好ましい事態を想像したときの感情は、実際にそのことが生じたときの感情よりも強い、ということが知られていました。たとえば宝くじで高額当選することを想像したり、不治の病を宣告されたときの感情のほうが、実際にそうなったときよりも嬉しく（辛く）感じるというわけです。

オランダのエラスムス大学のデ・クリーマーたちは、謝罪もそれと同じで、わたしたちが謝罪されて気がすむと考えるのは、実際の謝罪よりも想像のなかでの謝罪を過剰に価値があるものだと考えているからではないか（つまり、謝られて気がすむと期待し過ぎ）、と考えました。そこで、実際に謝罪されたときと、謝罪されることを想像したときとでは、どのくらい満足感が異なり、またその相手に対して融和的になれるかということを実験で調べました（De Cremer, Pillutla & Folmer, 2011）。

実験では最初に参加者に一〇ユーロが与えられ、そのまま持ち帰ってもよいし、ペアを組んだパートナーに「投資」もできました。パートナーに投資すると、パートナーは自動的に三倍のお金（三〇ユーロ）を手にしましたが、それをどのような比率で参加者に配分するかは任されていました。

パートナーは実験協力者で、お金を預けられたときには五ユーロしか戻さないことになっていました。つまり、パートナーを信頼して一〇ユーロ預けた参加者は、五ユーロ損をし、投資されたほうは二五ユーロも儲けたのです。

このあとで実験参加者は、つぎの三つのいずれかの条件に割り当てられました。

第一の条件では、パートナーが不公平な分配をしたことに対して自分に責任があること、良心の呵責《かしやく》を感じていると書いた謝罪文を読みました。

第二グループの実験参加者は、パートナーからそのような「謝罪を受けたものと想像する」ように指示されました。

第三グループの参加者は、そもそも最初から実際にはゲームに参加せず、「自分がゲームに参加して不公平な分配をされて、謝罪を受けたことを想像する」ように指示されました。

そして、パートナーと和解する可能性を得点で答えた結果、謝罪されたことを想像した二つのグループの参加者のほうが、実際に謝罪された参加者よりも、謝罪を「価値がある」「和解できる」と高く評価したのです。

このようなアンケートだけでは、実際に参加者がどのように感じていたのかよくわかりません。そこでつづけておこなわれた実験では、もう一度一〇ユーロを渡されれば、ケチだけれど自責の念を感じている、先ほどのパートナーに対して、どれだけ投資するかが尋ねられました。参加者は最初のゲームで付け込まれたので、どれだけ投資するかが、信頼回復の指標とみなすことができました。

最初のゲームで、実際にはゲームに参加せず、参加したことも謝罪を受けるのも想像しただけの第三の条件の参加者は、平均して五・二〇ユーロ預けると答えましたが、最初のゲームで実際に謝罪を受けた参加者が答えた額は平均して三・三一ユーロでしかありませんでした。

やはり実際の謝罪は「もし謝ってもらったら」と想像したほどの効果はないようです。デ・クリーマーは、世間の人は「謝罪されると気が晴れる」と謝罪を過大視しているために、すぐに謝罪しろと言うのだろうと述べています。

会社の不正や、著名人の不祥事に対して、世間は謝罪を求めることがあります。

こうした一連の研究に対しわたしが関心を抱くのは、想像上の謝罪の効果が過大視されることよりも、むしろ実際の謝罪の効果が弱いことです。それほど謝罪は意味がないものなのでしょうか。このことを考える前に、謝りやすい人となかなか謝らない人の違いについて考えてみます。

謝りやすい人・謝りにくい人

自分の子どもがあまり謝りたがらない、という印象を持つ親は少なからずいるようです。

わたしの長男は幼いときはすぐに謝っていましたが、二歳を過ぎて自我が芽生え、自分のこと（主語）を自分の名前ではなく、「僕」とようやく言えるようになったころから、簡単には謝らなくなったような気がします。ときには泣きわめいても謝らない強情さを示します。「ごめんなさい」と言えばすむのに、どうして謝らないのでしょうか。

心理学では、それぞれの個人ごとの行動傾向（＝性格特性）を調べることができる質問調査紙というものが作成されます。調べようとしている行動傾向を正しく測定できているか、また何度測っても同じ人は同じ結果となる信頼性があるか、という厳密な基準を満たした「尺度」を作成するのです。ある性格特性を測る物差しのようなものです。

そのようなものの一つに、「謝罪傾向尺度（proclivity to apologize measure）」があります。たとえば、「自分がした悪い行いを告白すると困ったことになるかもしれないのであまり謝らない」や「わたしが謝ると相手がわたしに対して優越感を持ってしまうので、謝るのは好きではない」「自分が無能だと感じなくてすむように、あまり謝らない」「わたしの持続した怒りは、謝罪を妨げることがよくある」などの質問項目を、一＝とても賛成～七＝とても反対、で回答します。その結果の得点によって、どれほど謝りやすいか、というのがわかる仕組みになっています。

自尊心が低い人と高い人は謝れない

カナダのグラント・マキュアン大学のハウェルたちは、これまでに開発された多様な性格調査との整合性を調べつつ、それぞれの人がどれくらい謝りやすいかという性格特性を調べるための尺度を作成しました（Howell, Dopko, Turowski & Boro, 2011）。

その尺度を使って、なかなか謝らない人とはどのような人かが調べられました。最初に予想された通り、慈悲深い人ほど、また同調性が高い人ほど、より多く謝る傾向がありました。しかし意外なことに、自尊心の高さが強く影響していました。

自尊心とは、自身について主観的にどのように感じているかという、情動的な評価や信念のことをいいます。たとえば、「自分は能力がある」や「自分はあまり価値がない人間だ」というような、自身で思い込んでいる評価のことです。

その自尊心が低い人（つまり、自身に対して低い評価をしている人）は、たとえ自分で悪いことをしたと認めていても、あまり謝ろうとはしませんでした。なぜなら、その呵責の念が、自分自身の恥に向けられるからです。自尊心が低い人は、自分が悪いとはっきりと認め、すまないという気持ちを持っているのですが、逆にその恥じ入る気持ちがゆえに謝ることができないのです。

おそらく謝罪を受け入れてもらえる自信がないのだと考えられます。自分に自信がないので、悪いことをしたと告白し懺悔することができないのでしょう。

一方で、自尊心の高すぎる人やナルシシスト、つまりとても自己中心的で自分のことを過分に認められたいと考える人も謝罪しない傾向がありました。自尊心が高すぎる人は、自分は何をしてもよいと考える傾向があり、そのため他人にいちいち謝る必要がないと考えがちだからです。

自尊心とナルシシズムは違う

ある人がどの程度謝りやすいかは、性格のなかでも自尊心ともっとも関連していました。子どもを育てるときに、悪いことをすれば謝るように教えますが、自尊心が邪魔をして謝罪しない大人になるかもしれません。自尊心を抑えるようにすればよいのかもしれませんが、自尊心が低すぎると何をするのも自信を持てない引っ込み思案になるし、逆に自尊心が高すぎると鼻もちならない大人になりそうです。子どもの自尊心をどのように育めばよいのでしょうか。

欧米諸国の家庭では、一九七〇年代から子どもの自尊心を高めようと努力されてきました。親たちは直感的に、人生の成功、健康、主観的な幸福感にとって重要なカギを握るのは、確固たる自尊心だと信じていました。そのため、親たちは子どもに対して、あなたには個性があって、あなたは特別だということを話し、自尊心を育んできたのです。

しかし、欧米の親たちが子どもの自尊心を高めようとしたのと軌を一にして、欧米ではナルシシストの若者が増加してきたというデータがあります。もしかすると子どもの自尊心を高めすぎた結果、かれらをナルシシストにしてしまったのかもしれません。

暴力研究の第一人者であるオハイオ州立大学のブッシュマンたちは、一九八〇年以降ではナルシシズム傾向の強い若者が増えていることや（Twenge, Konrath, Foster, Campbell & Bushman, 2008）、ナルシシズムと暴力が関連していることを示しています（Bushman, Bonacci, VanDijk & Baumeister, 2003）。はたして、親の教育がまちがっていたのでしょうか。

オランダのアムステルダム大学のブルーメルマンや、ブッシュマンたちは、ナルシシズムが芽生えはじめる児童後期（七〜一二歳）の五六五人の子どもを対象に、半年ごとに合計四回、二年間かけて子どもや親たちに聞き取り調査をしました（Brummelman et al., 2015）。

その結果、ナルシシズムと自尊心はまったく別物であることがわかりました。ある子どもがナルシシストでも、その子の自尊心が低いこともありました。逆に、自尊心が高ければかならずしもナルシシスト、というわけでもなかったのです。

ナルシシズムの傾向を持つ人は他者よりも自分は優位であると感じ、特別な権利を持っていると信じています。また、他人を支配しようとする傾向もあります。世界が自身を中心にまわれば、もっとよくなると感じていて、それが実現できないと思ったときには、攻撃的になることがあります。

それに対して自尊心が高い人というのは、個人として自身に満足を感じており、他人にくらべて自分のほうが優れているとは考えません。

半世紀以上も前に自尊心研究を開拓したモリス・ローゼンバーグは、「自尊心の問題を考えるときには、個人が自身に適切な能力があると考えているかを問うべきで、自身が他者より優れているかを問うてはならない」と述べています。慧眼《けいがん》の持ち主だったようです。

子どもをナルシシストにしてしまう親とは

自尊心とナルシシズムの区別は、子どもの自尊心を高めようとするときに重要です。ある子どもは自分のことを他人より優れていると感じ、別の子どもは自分のことは気に入っているのに自分は仲間より優れていると考えないのは、どうしてなのでしょうか。ナルシシストも自尊心の高さも、ある程度は遺伝の影響を受けますが、やはり子どものときの経験が大きいようです。

ブルーメルマンたちの調査の結果、ナルシシズムは親の買いかぶりによって生じることがあきらかになりました。ナルシシズム傾向の強い子どもたちの親は、子どもを特別ですごい人物だとみなす傾向があり、その子の欠点を見つめる慎重な観察態度を欠いており、子どもの資質を過大評価し、過剰にほめる傾向がありました。また、子どもが実際には知らないことも含めて、自分の子どもは博識だと考える傾向がありました。

こうした育て方がつづくと、子どもはいつしか自分のことを特別ですごい人間だと考えるようになるのです。

「うちの子にかぎって」と言う親は、子どもをナルシシストにする典型的なタイプだといえるでしょう。子どもを可愛がることと、買いかぶることは別であると認識する必要があります。

それに対して自尊心は親の思いやりによって育まれるようです。自尊心の高い子どもの親は子どもに対して思いやりや愛情を示していましたが、これは子どもを買いかぶるのとはまったく別のことです。

思いやりにあふれる親は子どもと喜びを共有し、子どもの活動に興味を示します。子どもは親に愛され、大事にされていると感じることができます。このような日々の積み重ねによって、子どもは、他人とくらべて優れているとか劣っているということを考えずに、自分をしっかりとした人間だと考えられるようになるのです。

つまり、ナルシシズムはかならずしも高い自尊心に由来したものではないのです。しかし自尊心を高めようとした親の育て方が、実際にはナルシシストの子どもにしてしまうこともあります。子どもの自尊心を高めようとして、知らず知らずのうちに子どもにあなたは特別ですごいと言ってしまうかもしれません。親ならば誰しもが言うことですが、まさにそれが自尊心ではなくナルシシズムを育てる教育なのです。

自尊心を高めようとするのは悪いことではありません。自尊心が高いほど社会関係に満足し幸福を感じやすいのです。しかし、自尊心を高めるのはそれほどたやすいことではありません。

子どもの自尊心をうまく高めるにはどうすればよいのでしょうか。ブルーメルマンたちによれば、子どもに、あなたは特別で稀有な存在だ、と言うのではなくて、愛されていて大事にされていると感じさせることが重要だそうです。そうすれば、他人を見下すことなく、自分のことを好きでいられる大人になれるそうです。なかなか難しいですが、心がける価値はありそうです。

社会に向けておこなわれる公的な謝罪

社会的に高い地位に就いている人の自尊心がかならずしも高いとは限りませんが、高い地位にある人がテレビカメラの前で謝罪している姿を見ることがあります。そのような人が報道を通じて社会や世間に対しておこなう、いわゆる公的な謝罪会見は「ほんとうに悪いと思って謝っているように見えない」と感じられることが少なくありません。それどころか、謝罪することによって逆に反発を招くこともあるのです。

公的な謝罪会見の失敗例

たとえば、二〇一四年に大手ハンバーガーショップの日本社長がおこなった謝罪は、社会から痛烈な批判を受けました。

問題となった会見では、仕入れ先の中国企業が期限切れの鶏肉を取り扱っていたことが判明したために、経緯を説明して謝罪しました。しかし、会見で日本社長は「騙されたと感じるし、非常に憤っている」と述べたのです。適切な製品管理をしていなかったハンバーガーショップこそが社会に対する加害者のはずですが、中国企業に対する被害者として怒りを表したのです。

さらに悪いことに、今度はその会社の製品である食品に異物混入が見つかりケガ人まで出てしまいました。

そして印象を決定的に悪くしたのは、その謝罪会見で社長が「出張中」とのことで会見を部下に押しつけたことです。そのため業績が大幅に悪化し、大規模な店舗閉店という事態を招きました。

このような失敗の上塗りの例は、枚挙にいとまがありません。

たとえば二〇一六年の一月に、好感度が高いことで知られた女性タレントが週刊誌に不倫の可能性を指摘されたことで会見をおこないました。妻のある男性ミュージシャンとは友人関係であると釈明したにもかかわらず、その会見前日に男性に「友達で押し通す予定！笑」とのメッセージをＬＩＮＥで送っていたことが後に露見して、テレビのレギュラー番組を一〇本、また一〇本のＣＭが解約されたり契約が更新されずに、すべてを失うことになりました。後に本人が会見ではウソをついていたと述べているように、不誠実な謝罪をしたことがあきらかとなったのが致命傷となったようです。

二〇一一年の九月に、インターネットで動画を配信する会社の最高経営責任者がおこなった謝罪も米国社会で大きな話題になりました。

いまでは日本でも業務を展開しているその会社は、米国で配達によるＤＶＤのレンタルと、インターネット接続による動画の視聴を提供する業務をおこなっていました。その会社のサービス利用者の多くは、じっくり見たい作品が配達されるまでのあいだ、すぐに見たいものをインターネットの動画で見られるのが便利なので契約していました。しかしその会社は、ＤＶＤレンタルと動画閲覧サービスの料金プランを分離したうえに、実質的な値上げをすると利用者に通達しました。当然強い反発をくらいましたが、最高経営責任者はつぎのような値上げの説明と謝罪をおこないました。

インターネットでの動画の閲覧とＤＶＤレンタルはまったくの別事業になっていると気づきました。それぞれはコスト構造も異なりますし、お客様へのメリットも違うのでマーケティングも異なる必要があるのです。したがって、各事業を独立して成長させる必要があります。ここ二ヵ月間でいただいたご批判からもわかるように、会員様への配慮に欠けていたことはあきらかです。ただ、それは私たちが意図したものではありません。心からお詫び申し上げます。

誰に何を謝罪しているのかわからないこの謝罪はさらに強い批判を受けました。一連の騒動を受けて、謝罪の研究をしているサザン・カリフォルニア大学のキムは、ワシントン・ポスト紙に効果的な謝罪とはどのようなものであるかという文章を寄稿しています。

「謝罪の命運をわけるのは、誰かを傷つけたり怒らせた側（加害者）の行為が、過失と受け取られるか、意図を持っておこなったと受け止められるかです。もし過失だと受け取られれば、もう同じことは起きないと考えられるので、赦されやすくなります。しかし、その行為が意図的におこなわれたと受け取られれば、謝罪は受け入れられないどころか、その会社の最高経営責任者の謝罪のように逆に反発をまねくこともあります」

悪い謝罪の四つの要素

この最高経営責任者は謝罪で、「意図したものではない」と述べています。この謝罪がそもそも何に対しての謝罪なのか曖昧なのが問題の一つですが、おそらく（納得のいかない値上げ理由ではなく）利用者を傷つけたり不快にしたことについての弁明でしょう。

謝罪しているにもかかわらず、それが受け入れられなかったのは、その謝罪には「悪い謝罪」のいくつかの要素が含まれているからです。

公的謝罪がなぜ謝っているように聞こえないかを研究しているスタンフォード大学のシューマンによれば、「悪い謝罪」にはつぎの四つの要素のいくつかが含まれています(Schumann, 2014)。

・不快な行動や失言を正当化する（正当化）
・被害者を批難する（逆ギレ）
・弁解をする（弁解）
・事態の最小化をはかる（矮小化：たとえば、「ほんの冗談だった」と言うなど）

この観点で見ると、この最高経営責任者の謝罪は、正当化や弁解がそこかしこに見受けられます。そのため、謝罪が受け入れられなかったのは当然といえるでしょう。

包括的で意を尽くした良い謝罪の八ヵ条

では、どのような謝罪が「良い謝罪」なのでしょうか。第三章の最初に紹介した研究では、せっかく積み上げたカップを崩された小学校一年生の子どもは、自発的な謝罪を受けるよりも、補償の申し出を高く評価していました。

補償を申し出ることも謝罪の重要な構成要素ですが、シューマンによれば、それだけでなく、謝罪の重要な要素をなるべく多く含んだ「包括的で意を尽くした謝罪」が肝要だそうです。

シューマンが研究を実施する前から、謝罪には核となる要素と、付加的な要素があると考えられていました。どちらであっても、それらをできるだけ多く含む謝罪が効果的で、そうした条件を満たすことで、腹を立てたり傷つけられた人の敵愾心《てきがいしん》を収め、壊れかかった関係を修復し、不快にさせた人から赦されやすいのです。

その核となる謝罪の要素とは、つぎの三つです。

・自責の念の表出（悔恨）
・責任の自覚（責任）
・補償の申し出（解決策の具体的な提案、補償）

これらのほかに、つぎの五つが謝罪を構成する付加的な要素と考えられています。

・そのような行為をするに到った理由の説明（説明）
・今後は適切に振る舞うことの約束（改善の誓い）
・被害者を傷つけたり不快にさせたことの認識（被害者への労《いたわ》り）
・自分の行為が不適切であったことを認識（不適切な行為の認識）
・赦しを請う（容赦の懇願）

これら八つの要素が重要なのにはそれぞれ理由があります。補償の申し出は、子どもでも高く評価していましたが、形式的な謝罪を、実体の伴ったものにします。不適切な行為だったと認めることは、自分が加害者である、ということを認識させます。被害者の気持ちを認識することは、被害者が怒りや苦しみを感じるのは正当な感覚だと示すことを意味します。

ここまで読んで、良い謝罪の条件はおわかりいただけたでしょうか。では、「はじめに」でも触れた、他社の人との打ち合わせに遅刻したときに述べる謝罪は、つぎの二つのうち、どちらが適切でしょうか。

「電車が遅れていました。たいへん申し訳ありません」
「遅れてたいへん申し訳ありません。電車が遅れていました」

前者は、受け取り方によっては電車の遅延のせいで遅れたという「弁解」に聞こえます。それに対して、後者は、まず遅れたことを謝罪し（不適切な行為の認識）、そして電車の遅延という事情の説明（説明）をしています。つまり前者は悪い謝罪の要素（弁解）を一つ含んでおり、後者は良い謝罪の要素を二つ含んでいるのです。よく似た言葉ですが、ずいぶん伝わるものが違ってきます。

良い謝罪は、悪い謝罪の要素を含めず、良い謝罪の要素を含めばよいというものではありません。謝罪がより多くの良い要素を取り込むほど、怒らせた人とコミュニケーションをとることが可能になり、関係を修復しやすくなります。謝罪がより包括的で意を尽くしたものになるほど、赦されるのにもっとも重要な「誠実さ」が認められ、赦される可能性が高くなるのです。

「みずからの良いイメージを維持したい」が不適切な謝罪にする

これらの八つの要素のいくつかを、実際の謝罪に含めることはできるでしょう。しかし、できるだけ多くの要素を含んだ、包括的で意を尽くした謝罪をするのはなかなか難しいものです。

その理由を、シューマンは「人はみずからの良いイメージを維持しようとする強い傾向」があるからだと考えています。他人を傷つけたという行為は、自分が「良い人物」であるというアイデンティティーと一致しません。この不一致を解消するために、「自分がおこなったのではない」（弁解）、「そうするつもりはなかった」（正当化）などと口にしたり、それらが態度に出てしまい、結果的に悪い謝罪となってしまうというのです。

謝罪するためには、自分がひどいことをしたことや、人を傷つけたということを認め、自分の行為を改めることを誓い、怒らせた人、傷つけた人に容赦してもらうように懇願しなければならないのです。これらをするには、かなりの勇気と精神的な強さが必要です。

しかも、人は自分が道徳的、社会的に適切な人物であるという感覚を保とうとします。この感覚が脅威にさらされると、人はその脅威を排除しようとします。

謝罪しないのは自尊心を高く保つため

オーストラリアのクイーンズランド大学のオキモトたちは、加害者は謝罪しないことで自尊心が高まり、自分が良い人物ではないことを認めなくてすむという研究結果を報告しています（Okimoto, Wenzel & Hedrick, 2012）。ひどいことをしても、自分の非を認めない人がいますが、その人は自分が自分自身に対してもっている良いイメージにしがみつこうとしているのでしょう。そのために、正当化、逆ギレ、弁解、矮小化をはかろうとするのです。

しかし弁解をすれば、その人のプライドは（短期的には）守られますが、腹が立ったり、傷つけられた被害者は余計に腹が立ちます。もっと悪いのは、被害者のせいにすることです（逆ギレ）。怒らせた相手と関係を修復するどころか、徹底的に関係を壊してしまう可能性があります。家業を巡ってのお家騒動というのは、いつの時代でもありますが、最近では大手家具販売会社の経営権をめぐって骨肉の争いを呈した親子の対立は、その一つの例とみることができます。

自己肯定化理論

包括的な謝罪を妨げているのは、自分のイメージを守ろうとする気持ちであると考えたシューマンは、スティールによって提唱された自己肯定化理論（Steele, 1988）に注目しました。

自己肯定化理論とは、人は「自己概念が脅威を受けると、自己を防衛するために、その脅威に対処して自己の肯定性を回復するよりも、より広範囲で全般的な自己の統合性を確認しようとすることで脅威に対処しようとする」傾向があると仮定する理論のことです。

難しい定義なので例を挙げて説明すると、たとえば「あなたはケチだ」と言われたとします。これは、自己のプライドを脅《おびや》かす言葉（脅威）ですが、「わたしはケチではない」と言い返したり、周りの人にプレゼントをばらまいてその脅威を消し去ろうとするのではなく、「わたしには堅実さと質素を尊ぶ美徳がある」や「わたしは忍耐強い」と、ほかの良いことに注目して自分が卑しい人品ではないというプライドを保とうとする傾向があるということです。

自分が道徳的で社会的に適切な人物であるとのイメージが揺らぎそうになると、自分に関連する、良いイメージのあるものについて考えることで全体としてのバランスをとり、脅かされた自己のイメージを再構成しようとするのです（ケチだと言われても、でもお金を貯めたおかげで大きな家に住んでいるし気にならない、とか）。

つまり、認めたくない嫌なことがあっても、自分にまつわる良いことを考えれば、自分について自信が持てるようになってバランスがとれるというわけです。しかも自己肯定感は、自尊心のように安定した行動傾向（＝性格特性）ではないので、ちょっとしたことで、簡単に変化させることができるのです。

自己肯定をすれば良い謝罪ができる

そこでシューマンは自己肯定をすれば、謝罪によって傷つくプライドとバランスがとれるので、より良い謝罪ができるのではないかと考えました。彼の研究では、およそ一〇〇人の実験参加者が、自分では価値があると思うもの（車や家、時計）や性格（優しい、勇敢）を一一挙げて、順位をつけました。参加者のうち半数の人は、第一位のものや性格について、残りの半数の人は第九位となったものや性格について、なぜ自分はそれを価値があると思っているかを文章で書きました。

それから、いまだにわだかまりが残っている誰か（友人、恋人、家族など）を傷つけたことを思い出し、その人がいま隣にいて、自分には仲直りをするつもりがあると想像したとすれば、その人には何と言うかを書きました。

書かれた文章は、実験の条件を知らない評定者二名が、先に述べた八つの謝罪要素と四つの悪い謝罪の要素（正当化、逆ギレ、弁解、矮小化）がどれだけ含まれるかで点数化しました。たとえば、つぎのような文章が書かれました。

自責の念：「後悔しています」「申し訳なく思います」
責任の自覚：「約束を破ってしまい、本当に申し訳なく思います」
補償：「今週はかならずお電話いたします」
容赦の懇願：「どうかご容赦ください」
正当化：「追い出したことは悪かったと思いますが、そうする理由があったのです」
弁解：「わたしはとても忙しくて、急いでいたのです」
矮小化：「もしあなたを怒らせたとしたらお詫びいたします」「ほんの冗談のつもりで

した」

その結果、一番価値があるもの・性格について考えた人たちは、第九位のもの・性格について考えた人よりも、多くの望ましい要素を含んだ包括的な謝罪文を書いていました。そして、その人たちの文章には、悪い謝罪の要素も少なかったのです。細かく分析すると、その人たちの書いた文章には謝罪の核となる三つの要素が多く含まれており、自責の念も強く感じていました。

第二実験は、わだかまりについて思い出してから大事なものについて考えるという、先ほどとは逆の順序でおこなわれましたが、同じ結果になりました。つまり、自分にとって大事なことを考える順番は、先でも後でもよいのです。自己防御がはじまる前に自己肯定する必要はなく、自己肯定はどのタイミングでも包括的な謝罪に有効だったのです。

社会で暮らすうえで他人と衝突することは避けて通れません。相手を傷つけたり怒らせたりしたときでも、うまく謝罪すれば、ことによれば以前より良い関係を構築できることもあるのです。

もし誰かに謝罪しなければならないときには、自分にとって大事なもの・性格・人物について想いを馳せ（たとえば自分の子どもや宝物）、なぜそれが自分にとってそんなに価値があるのかを考えると、謝るべき状況で、より建設的で包括的な謝罪をすることができるでしょう。自己肯定の効果は思ったよりも強力なようです。

脳の報酬系の活性化

その自己肯定は、どのくらいの期間、効果がつづくのでしょうか。ある研究で調べたところ、八週間後でも効果が持続するとの結果が得られています（Stinson, Logel, Shepherd, Zanna, 2011）。

自己肯定によってポジティブな効果がもたらされることは多くの行動学的な研究によって示されています。はたして、この効果の背景に神経的な基盤はあるのでしょうか。

カリフォルニア大学ロサンゼルス校のダッチャーたち（Dutcher et al., 2016）は、機能的磁気共鳴映像撮影（ｆＭＲＩ）装置内で、個人的に重要なものが自分にとってどれほど価値があるかを考えさせる条件と、自分には関係ないものについての価値を考えさせる条件での脳の働きを調べました。

その結果、個人的に重要なこと（もの）の価値を考えると（自己肯定すると）、食事やお金、セックスなど脳の報酬にかかわる領域（腹側線条体《ふくそくせんじょうたい》）が活性化しました。自分に関連しないものの価値を考えたときにはその領域は活性化しませんでした。

つまり、自己肯定をすれば、脳の報酬系が活性化するのです。そのために、自分にとっては辛い包括的な謝罪ができるようになるのだと考えられます。

賞賛された企業の謝罪

わたしたちは、他人や公的な機関に謝罪を求めるわりには、自分で謝罪することに躊躇《ちゅうちょ》します。しかし、なかには立派な謝罪を目にすることもあります。たとえば、つぎにみるアムトラック社の謝罪は、理想的なものの一つとされています。

シューマンの研究が発表されたときに、新聞などの媒体でその研究が紹介されました。そのなかで、シューマンは悪い謝罪の例とともに、「近年まれに見るすばらしい謝罪」として、米国の鉄道会社アムトラックの謝罪を挙げています。

日本ではあまり知られていませんが、米国の鉄道の安全性は、日本の基準からは考えられないほど低く、頻繁に大事故を起こします。二〇一五年五月に、米国ペンシルバニア州のフィラデルフィアでアムトラック社の列車が脱線事故を起こしました。八人が死亡し、二〇〇人以上が負傷した大事故でした。このような場合、企業は責任転嫁したり情報を小出しにして批難を最小限にしようとしたりして、かえって強い批判にさらされることが少なくありません。謝罪の仕方によっては会社が倒産しかねない状況です。そのような状況で、最高経営責任者のジョー・ボードマンは、事故後すぐにつぎのような謝罪を発表しました。

心より謹んで亡くなった方々に哀悼の意を表します。彼らを失ったことは、彼らの家族、および社会に大きな穴を残しました。アムトラック・ファミリーを代表して、わたしたちは可能な限りのお悔やみを申し上げ、亡くなった方々と彼らを愛する人びとにお祈りを申し上げます。アムトラックは全面的に責任をとり、この悲劇を生み出してしまった我々の行いについて深くお詫び申し上げます。

これをシューマンが挙げる八つの望ましい謝罪要素に照らし合わせて、どれだけのことが含まれているか考えてみると、この謝罪がいかにすばらしいものかがわかるでしょう。なるべく謝罪する機会がないことを望みますが、必要があるときには、このような謝罪を参考にしたいものです。

不満を感じて自尊心が傷つけられた顧客

謝罪が求められるのは個人に限りません。アムトラック社のように人命に関わるような過失を犯したわけでなくても、企業の不誠実な行為や、顧客の要求を満たさないサービスによっても、顧客はその企業や店に対して腹を立て、その製品やサービスを二度と利用しなくなることがあります。

企業に不満を持った顧客がどのように復讐するかを研究しているアリゾナ州立大学のワードたちは、「デジタル化された社会では、怒った顧客は、すぐに動画をアップロードし、ブログでネガティブなコメントを書くので、直接苦情を申し出てきた顧客への対応と同じように、オンラインでの苦情にも丁寧に対応する必要があります」と警鐘を鳴らしています（Ward & Ostrom, 2006）。

ワードたちがウェブサイトの書き込みを分析したところ、顧客は購入した製品が期待はずれだったり、サービスが悪いと自尊心が傷つきました。そしてそのことに抗するために、同じような印象を持つ人の書き込みをウェブ上で探して、自分だけが侮辱されたのではないということを確認します。そしてさらに不満を募らせてその企業に復讐しようと決めた顧客は、市民運動の活動家のように、いかにその企業が不誠実であるかを公的に発信していたのです。

重要なのは、企業に不満を持った顧客がその製品やサービスを二度と利用しないだけでなく、かれらが発信した記事を読んだほかの人も同じようにボイコットする可能性があることです。

二〇一六年に発覚した日本のある自動車メーカーの燃費の不正な操作によって、その自動車メーカーの国内シェアは一パーセントにまで減少しました。この業績悪化に対してウェブでのコメントがどれほど影響を与えたかは不明ですが、財閥系のこの自動車メーカーを救う手だてはなく、結局は別の自動車会社の子会社のような存在になりました。このような業績悪化の例はほかにもたくさんあります。

インターネット上で謝罪圧力が強い理由

ところで、インターネットの世界では不祥事を起こして謝罪したタレントや会社に対して、さらなる謝罪や反省を求める圧力が強いような印象を受けます。

インターネットで他人に対して強く出るのは、書き込みをする個人が匿名だと安心して攻撃できるためとも考えられますが、だとすれば、どの人に対しても強い厳しい意見が送りつけられてもおかしくありません。どうして謝罪している人に（しかも、自分が被害者ではないのに）、さらなる反省を求めるのでしょうか。

拙著『ヒトの本性』で詳細に書きましたが、おそらく「バンドワゴン効果」が作用しているのだと考えられます。バンドワゴン効果は、経済学や社会学でもよく用いられる言葉ですが、ある選択が多数に受け入れられている、流行しているという情報が流れると、その選択への支持が強くなることを指します。

たとえば、ある企業の株価が変化しはじめると、一斉に売りや買いに注文が殺到し、ストップ高（安）になることなどがこれにあたります。

インターネットのSNSやブログなどでタレントなどが何気なく日常生活の出来事を語ったつもりでも、人によっては「気に障る」ことがあるようです。そのようなときに、一斉に批判が集中する状態は「炎上する」などといわれます。そのように衆人が見ているもとで誰かに批判的な意見が増えてくると、ますますそれに同調しようとする傾向が強まることをいいます。

企業の謝り方が不十分、不適切であり、それに同調する人（コメント）が増えてくると、必要以上の攻撃がはじまります。学校でのイジメと同じ構図です。このときに攻撃する人には、自分は直接の被害者ではないが、大多数の意見を代表して懲罰を与えているという心理が働いているのでしょう。被害者ではなくむしろ第三者のほうが厳しく罰するメカニズムについては、第五章で詳しく述べます。

社会的責任を果たしている企業は否定的な印象を持たれにくい

企業にとっては、「炎上」が起きた際に、迅速な対応をとることが重要になっているのはたしかです。しかし、いつどこで書き込まれるかわからないインターネットの書き込みを監視しつづけるのは現実的ではありません。

これまでの研究は、危機に陥った企業がどう対処すればよいかを調べてきましたが、ワシントン州立大学のジョーマンたち（Joireman, Smith, Liu & Arthurs, 2015）は、予防策を検討するために、つぎのような実験をおこなっています。

実験参加者はコーヒーを注文してから、かなり長い列に並ばされたうえに、頼んだものとは違うコーヒーが出された、と想像するように指示されました。その状況を想像した参加者のほとんどは怒りを感じ、その店に入ったことを後悔し、友人にこの店に行くのはやめたほうがよいと伝えたいと感じました。

しかし、この会社が利益の一五パーセントを環境活動のために寄附していることを知らされていた別の参加者のなかでも、とくに環境活動に関心がある参加者は、長い列に並んだことや、まちがったコーヒーが出てきたことに対して、別に構わないと感じていました。

ジョーマンたちは、子ども用の病院を作るためや環境保全のための寄附をするといった社会的責任を果たしている企業は、顧客の価値観がその企業の活動と合致しているかぎり、たとえ満足のいかない製品やサービスを提供したとしても、否定的な印象を持たれにくいと述べています。ただし、環境活動に関心のない参加者は、やはり不満足なサービスに怒りを感じていました。

第二実験では、実験参加者は企業がどのような寄附をするかを指定できました（病院建設の寄附にする、環境保全に使うなど）。そうすると、ほとんどの人は、不満足なサービスに対して否定的な印象を持たず、むしろ好意的な印象が多く見られました。企業が果たす社会的責任はさまざまですが、顧客の関心に合致しさえすれば、企業側の失敗に目をつむってくれるようです。そのためにも企業側はなるべく幅広い社会的責任を果たすこと、誰もが共感する活動に寄附をすることが、将来の危機への予防として有効なようです。

第四章　怒りの抑え方

敵を撃つために炉を燃やしすぎると却って自身が火傷をする。
——ウィリアム・シェイクスピア

怒りを引き起こす九つのきっかけ

自分ではそんなつもりはないのですが、妻に言わせればわたしは空腹になるとイライラするようです。「お腹空いているのね」とあしらわれ、我に返ることがあります。空腹のせいでつまらないことに腹を立てていたのだと気づくと、それまでのイライラが収まります。

怒りやすい状況とはどのようなものかを知っていれば、腹が立ったときに、それがまっとうな反応なのか、怒りやすい状況だから腹を立てているのかを判断できます（夜の一一時になって、まだ夕食を食べていないときに口論になれば、おそらく空腹のためにイライラしていたのが原因だと想像できます）。自分がそのときに怒りやすい状況であると認識できれば、ほんとうはそれほど腹を立てるほどのことでもなかったと気づくかもしれません。

誰もが恐がる状況があるように、多くの人に共通する、怒りやすい状況というのが存在するようです。メリーランド大学で怒りを生み出す神経回路の研究をしているフィールズは、かれの著書（『*Why we snap: Understanding the rage circuit in your brain*〈なぜわたしたちはぶち切れるのか？〉』〈Fields, 2016〉で、つぎの九つの状況では多くの人が怒りをおぼえると述べています。

・生命（Life）や身体（Limb）を守るとき
・侮辱（Insult）されたとき
・愛する家族（Family）を守るとき
・自身の居場所（Environment）を守るとき
・友人（Mate）を守るとき
・社会の秩序（Order）を守るとき
・資源（Resources）を守るとき
・自分の属する集団（Tribe）を守るとき
・自由に移動できないとき（Stopped）

これらは頭文字を並べると、LIFE MORTS（＝人生の致命傷）となるので英語圏の人にはおぼえやすいようです。

「生命と身体」「名誉」「家族」「移動の自由」「自分の属する社会集団」「なわばり」「友

人」「資源」「社会的正義」が脅かされたときに、ほとんどの人が怒りを感じるのは、これらがまさに自分の人生の致命傷（LIFE MORTS）になりうる状況だからです。

　フィールズによれば、怒りとは脅威を検出したとき、すなわち自分や周りの者が脅威を受けたときの反応なのです。

社会的な存在に向けられる怒り

　怒りは、なわばりを守ろうとすることが起源だと考える説もあります。カッとなって我を忘れるのは、生命や自分の身の回りの大切なものを守るという適応的な意味があり、多くの動物が持っている基本的な行動様式です。

　先に、ヒトには六つの基本感情があると述べました。ヒトと近縁な動物の行動に、これらを見てとることは可能です。しかし、サカナや昆虫ではどうでしょうか。子どもがサカナを触って、尾びれをばたつかせたところを見たり、カブトムシが角を振り上げているのを見れば、怒っているといいます。しかし、これら動物の喜んでいる姿や嫌悪している様子を想像できません。

　おそらく環境の変化に対する「驚き」、危険に対処する「恐怖」、自分の生存を維持しようとする働きとしての「怒り」は、基本感情のなかでもさらに根源的で、多くの動物に共有されているものなのでしょう。

興味深いのは、それほど生きていくのに重要な仕組みなのに、怒りは社会的な存在（基本的には同種）に向けられることです。なわばりを持たず、集団とは無縁の暮らしをする動物には怒りがないかもしれません。ヒトがいかに社会的な生物であるかがうかがえます。

怒りは生存（なわばりや自分の所有物を保護すること）に関わる反応なので、迅速に状況に対応しなければなりません。そのため、大脳皮質であらゆる情報を吟味していると間に合いません。怒りを感じる脳の神経回路は、その働きを意識できる大脳皮質よりも深いところにあり、すばやく情報を処理し、最低限の情報に基づいて怒りを発動すべく心と身体に命令を発します（接近動機づけが高まります）。この一連の働きは意識下でおこなわれるので、大脳皮質でいくら「落ち着け」「数をかぞえろ」という命令をだしても、皮質下で処理される怒りを抑えるのは難しいのです。

怒った自分を客観視できる

しかし怒りやすい状況を知っていれば、怒った自分を客観視しやすいので、怒りを抑えられるかもしれません。フィールズは、自分と娘が飛行機に乗ろうとしたときの例を紹介しています。

九・一一のテロ以降、米国内で飛行機に搭乗するときには、手荷物のチェックだけでなく、ベルトを外し、靴を脱いで、入念な身体検査がされます。そのためとても長い列ができて、誰もがイライラしています。そんな長い列に二人で並んでいるときに、ある女性がフィールズたちの前に割り込んだのです。娘はすぐにふりかえって、「ほら、爆弾を投下したわよ！」と笑ったそうです。

混雑しているところに割り込まれると、多くの人は腹を立てるでしょう。自由に移動できないという怒りを感じる状況で、割り込みをするという社会のルールに反する行動をとったのです。フィールズの娘は、どういう状況で怒りを感じるのか父親から聞いて知っていたため、腹を立てるかわりに、父親が話していた通りに多くの人が怒りを感じてムッとしていると笑ったのでした。

怒っている自分を傍観者として見れば、怒り（攻撃性）は抑えられる

自分が怒っている状況を客観的にながめれば怒りが鎮まることが実験でも示されています。オハイオ州立大学のブッシュマンたち（Mischkowski, Kross & Bushman, 2012）は、音楽に対する情動的な影響を調べるという名目で八六人の実験参加者を集めました（実験後に、ほんとうは怒りを抑える研究が目的であったと説明されました）。

実験は三段階になっており、第一段階と第三段階ではパートナーとペアになっておこないましたが、じつはこのパートナーは実験協力者でした。

第一段階では、クラシック音楽を聴きながら、非常に難しい文字を並び替えて単語を完成させるクイズ（たとえば、「殖速増炉高」という文字列を、「高速増殖炉」という単語にするようなもの）を七秒以内に解いて、別室にいるパートナーに答えをインターホン越しで伝えなければなりませんでした。ただし一四問の問題のうち、四問目、八問目、一二問目を解答したときには「何と言ってるか聞こえません。わからないのですか」とパートナーから耐え難い口調で罵倒されました。こうされれば、人は腹を立てることがすでにわかっており、この実験でもすべての参加者はパートナーの仕打ちに怒りを感じていました。

第二段階では、参加者は三つのグループのいずれかに分けられました。第一のグループは、パートナーから罵声を浴びせられた「先ほどの並び替え課題のことを思い出して、同じことを自分がいまもう一度しているように想像してください」と指示されました。

第二のグループは、「心の内で、いま居る場所から離れて遠くに行ってください。そしてその遠いところから、あなたが先ほどおこなった文字の並び替え課題をしていて、パートナーから罵倒された様子を見ている、と想像してください」と言われました（幽体離脱をして少し遠くから自身の行いを見るようなもの）。

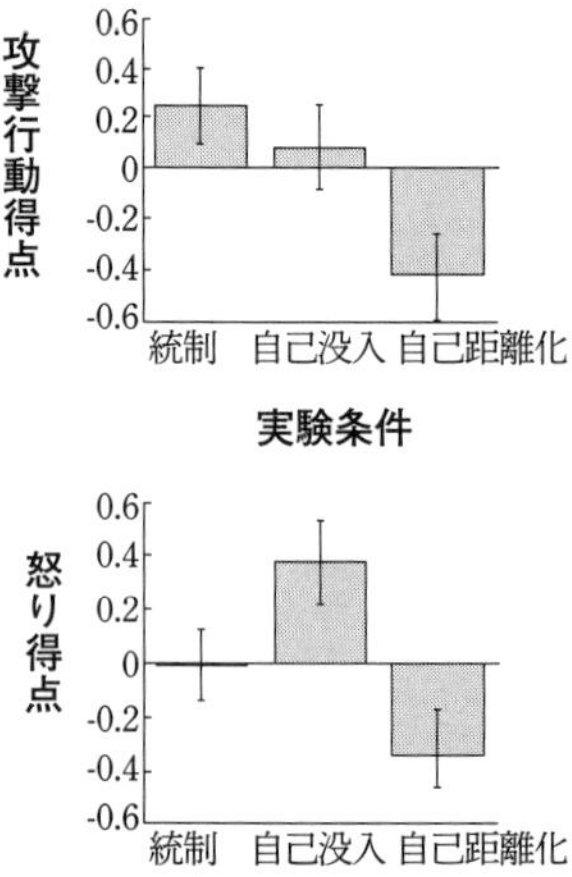

図11　怒りを抑える研究
(Mischkowski, Kross & Bushman, 2012)

第三のグループは何もせずに、つぎの第三段階に進みました。

第三段階では、先ほどのパートナーと一緒にボタンの早押しゲームをしました。早くボタンを押したほうが勝ちで、負けたほうに大きな爆発音を与えることができました。爆発音の大きさと持続時間は、それぞれ一〇段階から選べるようになっており、どれだけの強さと長さの爆発音を与えたかが、そのときの攻撃性を反映しているとみなされました。

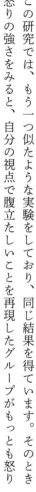

攻撃の強さをみると、傍観者の視点で腹立たしい課題の情景を眺めたグループは、ほかの二つのグループよりも攻撃が弱くなりました（図11上段の自己距離化）。何もしなかったグループと、自分の視点で先ほどの課題を見つめ直したグループのあいだには統計的な違いは見られませんでした（図11）。

この研究では、もう一つ似たような実験をしており、同じ結果を得ています。そのときの怒りの強さをみると、自分の視点で腹立たしいことを再現したグループがもっとも怒りを感じており（図11下段の自己没入）、傍観者の視点で再考したグループの怒りはもっとも低くなりました。

傍観者の視点で再考すると怒りが弱まるという結果は意外なものでした。というのも、それまでの心理学の研究で、過去に起きた、腹立たしい状況を思い出せば、頭のなかで反芻《はんすう》してよけいに不快になることがわかっていたからです。いわゆる「思い出し怒り」ですが、単に腹立たしいことを思い出すだけでなく、思い出さないでいるよりも怒りが強くなるのです。図11の怒り得点でもそのことが示されています。そのため、過去の嫌なことはむしろ考えないほうがよいと信じられていました。

その理由はこうです。人は誰しも、当事者の視点で物事を考えるので、ついついその事態に没入します。小説を読んでいると、自分が登場人物になったかのような感覚を持ち、小説のなかで起きたことを経験しているような気分になります。思い出の主人公は自分自身なので、さらに強くその状況に没入してしまいます。その結果、過去に生じた不快な出来事をふたたび経験したようになり、そのときの気持ちが再燃するのです。小説を読んで主人公と同じ気持ちになるのと同じように、自分自身のストーリーの主役として、また同じ嫌な気分を味わうというわけです。

しかしブッシュマンたちの研究ではあえて積極的に嫌な出来事を思い出させました。その結果、当事者の視点でそのまま思い出したときにはやはり怒りはさらに強くなりましたが、傍観者の視点で腹立たしいことを思い返すと怒りが収まることが示されたのです。

これは心理的に距離をとることによって、当事者以外の視点でその状況を考え直すことができるからだといいます。たとえば、パートナーが罵倒したのは正解が少なくなってもらえる賞金が減ることを心配した結果なのかもしれない、と相手の立場や気持ちを考慮することができるかもしれません。このように心理的にその状況から遠ざかることを、「自己距離化」といいます。

ブッシュマンたちは「自己距離化」を重視していますが、じつはさらに重要なのは「再評価」です。「再評価」とは、自分に生じた出来事を「別の視点で考え直すこと」です。「自己距離化」が重要なのは、当事者ではなく傍観者として見つめ直すことを促すからです。そうすることで、ひどいことをされた被害者としての立場だけでなく、もう少し広い客観的な視点から自分の身に起きたことを冷静に考えられるのです。

この自己距離化による再評価は、不快な経験をもう一度経験させずに思い返すための有効な方法とされています。ある意味で記憶を書き換えるともいえるかもしれません。同じ視点で腹立たしいことをふりかえれば、「思い出し怒り」が増幅しますが、自己距離化による再評価で、起こった出来事を違った視点から見た出来事として記憶すれば、怒りは再燃しないのです。

フレーミング効果——得を基準にするか、損を基準にするか

はたして、怒っている自分を傍観者の立場で見ることで、怒った状況を違うようにとらえられるのでしょうか。

わたしたちが何かを選んだり、価値を判断するときには、何を基準とするかによって、まったく判断が異なることが知られてきました。これを「フレーミング効果」と呼びます。フレーミングとは、物事の判断の基準となる枠組み（フレーム）のことをいいます。わたしたちは、絶対的な基準でものごとを判断するのではなく、そのときに参照した基準が何であるかによって判断が変わるのです。

たとえば、つぎの二つの選択で、それぞれどちらを選ぶか考えてみてください。

選択一：これからクジをひくことになりました。

甲）一〇〇パーセントの確率で一万円が手に入るクジ

乙）一〇パーセントの確率で一〇万円もらえるが、外れると何ももらえないクジ

甲と乙のどちらを選びますか。続いて逆のことが書いてある選択をしてください。

選択二：これからクジをひくことになりました。

甲）一〇〇パーセントの確率で一万円を失うクジ

乙）一〇パーセントの確率で一〇万円を失うが、九〇パーセントの確率で何も失わないクジ

さて、どちらを選びますか。

じつは、選択肢の甲と乙では、どちらも同じ確率で損か得をします。それにもかかわらず、多くの人は、選択一では甲を選び、選択二では乙を選びます。

選択一では、どれだけ「得をするか」ということを基準にして考えるので、「九〇パーセントの確率で何ももらえないなら、一〇〇パーセント確実に一万円をもらおう」と考えます。それに対して選択二では、「損を基準」に考える文章表現になっているため、「一〇〇パーセントの確率で一万円を失うよりは、九〇パーセントの確率で損しないほうを選ぼう」と考えるのです。

得を基準に考えるか、損を基準に考えるかで、その状況の印象が大きく変わります。こ

のように判断が変わることは、心理学や行動経済学の研究で数多く証明されています。

自己距離化

大事なことは、わたしたちは何を参照基準にしているかに気づいていないこと、また判断基準というのは簡単に変わってしまうことです。

同じように、怒っている人も自身が正しいと考えて憤っていることが多いと思いますが、相手の事情や立場、そうせざるをえなかった状況を考慮にいれると、怒りを生み出している参照枠が変わる可能性があります。先に紹介した自己距離化はそのためのきっかけで、再評価は参照枠を変えて考え直してみるということなのです。

自己距離化と再評価によって、過去に生じた出来事に対する不快感や自律神経系のストレス反応も弱まります。

ただし、実生活でやってみると再評価はそれほど簡単ではありません。あるときに、すごく腹が立って、一日の半分をイライラして過ごしました。そこで「自己距離化」をもちいて、腹が立った出来事を眺め直し、違う評価をするのですが、簡単には腑に落ちません。

実験室で侮辱されるのは面識のない人なので、ちょっと腹が立つだけですむのかもしれませんが、日常生活で付き合いのある人に腹を立てると、それまで少しずつ我慢していたことも思い出されて、さらに腹が立つことがあります。そうすると、なかなか自分を怒らせた人の立場に立って考えにくいのです。それどころか、「客観的に見て自分がいかに正しいか」という立場で再認識し、よけいに腹が立つことがありました。

それでも、そのあとも、なんども「自己距離化」と「再評価」をすると、就寝する頃には怒りも収まっていました。なかなか簡単ではないなと思いましたが、研究を信じて努力すればなんとかなるという自信も得られました。

血糖値があがると攻撃性が低下する

攻撃性を減らすには、ほかの方法と組み合わせるとさらに効果が増すかもしれません。前出のブッシュマンたちは、さまざまな方法を試しています（DeWall, Deckman, Gailliot & Bushman, 2011）。この章の最初に、わたしは空腹なときにイライラしていて、妻にたしなめられると書きましたが、血糖値が低いと攻撃性が増すようです。

ブッシュマンたちは、後で説明するセルフ・コントロールを機能させるには脳で大量のエネルギー（グルコース）が必要になると考えました。血中のグルコースが少ないと攻撃的になるのではないか、という予測を立てて、実験参加者の半数にグルコース（砂糖）の入ったレモネード味の飲料を、残りの半数にはグルコースの入っていない同じ飲料（砂糖の代替物が入ったもの）を飲ませて、体内に取り込まれた八分後に、この研究室でよく用いられる攻撃性を測定するボタンの早押しゲームをおこなわせました。その結果、グルコースの入った飲料を飲んだ参加者のほうが攻撃性が少なかったのです。

またブッシュマンたちは、二一日間にわたって健康な夫婦一〇七組に対して実験をおこないました。布でできた人形を預けておき、一日の終わりに配偶者に対する怒りの度合いに応じて人形に針を刺してもらいました。針の数は怒りの強さを表します。その研究では、血糖値の高い人と低い人に分けて、血糖値と相手に対する攻撃性に関連性があるかが分析されました。その結果、血糖値の低いグループは高いグループにくらべて平均して三倍も多くの針を刺していたのです。なかには一日で渡された本数のすべてである五一本の針を刺した人もいたようです（Bushman, Dewall, Pond & Hanus, 2014）。

これらの論文を読んだとき、空腹のときにイライラしているのは、あながちおかしいことではないと安心しました。チョコレートや砂糖の入った飲料を飲むと、イライラを少しは抑えられるようです。

十数年もシリーズとして放映されている刑事ドラマで、監察官がイライラしたときにラムネ菓子をポケットから取り出してバクバク食べるシーンがよく出てきましたが、この監察官は怒りの抑え方をよく知っているなと感心しました。

「はじめに」で紹介したNHKの番組でも、子どもが食事中に遊んでイライラしたら、あらかじめ作っておいた砂糖入りの甘い紅茶を飲んで、ソファーで仰向けに寝転んでくださいとVTRに出演された主婦の方に依頼しておいたら、ご自身でも驚かれるくらい、イライラしなかったそうです。

主婦の方が述べてくれた感想は、わたしにとってできすぎともいえるもので、驚きましたが、本書で紹介するひとつひとつの方法の効果はそれほど大きくなくても、いくつか合わせて用いるとよりうまく怒りを抑えられると考えられます。

たとえば、先の自己距離化や再評価をするさいに、少し血糖値をあげた状態で試してみればより効果があがるかもしれません。

ただし糖尿病など血糖値に問題のある方にはお勧めできない方法なので、じゅうぶんご自身の健康に配慮してください。

自分の気持ちを書き出す意味

怒ったときには、心拍をはじめとした循環器系の活動が高まることを第一章で述べました。カーネギーメロン大学のカサムたち（Kassam & Mendes, 2013）は、実験参加者を侮辱して怒らせたあとに、そのときの自分の気持ちを書き出せば、身体に表れた怒り反応が収まるということを示しました。

実験では、参加者はコンピュータ画面に表示された五桁の数字から七ずつ、あるいは一三ずつ引いていくというイライラする計算課題をおこないました（六三二から、六二五、六一八……と七ずつ引いていく）。「侮辱なし」群の参加者は一人で課題を解きましたが、「侮辱あり」群の参加者は、隣に評価者がおり、ときおり冷たい言い方で、「これだけしかできないの？」というような侮辱的な評価が与えられました（評価者は実験協力者で、どのタイミングで侮辱するかは、実際の成績と関係なくあらかじめ決められていました）。

これらの計算課題の後で、それぞれのグループの半数は、質問（「いまは、どれほど怒りを感じていますか？」）に対して、課題を終えた自分の気持ちを書き出しました。残りの半数は、自分の気持ちとはまったくかかわりのない質問（「どのくらいの頻度で写真を撮影しますか？」など）に答えました。

安静にしていたときの循環器系の反応とくらべたところ、一人で計算課題を解いた「侮辱なし」群はそもそも侮辱されなかったので怒りを感じず、その後に何を答えても、血流量には変化がありませんでした（図12）。

しかし「侮辱あり」群の一分間に心臓が拍出する血流量に、自分の気持ちを書き出したことの効果が強く表れていました。侮辱されても、その後すぐに自分の気持ちを書き出す

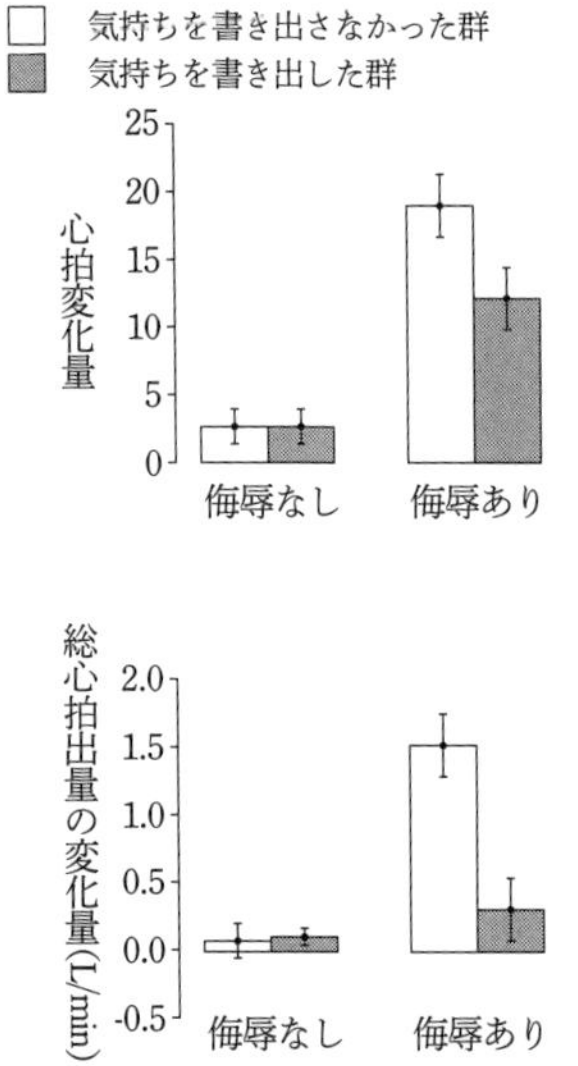

図12　自分の気持ちを書き出した場合の循環器系反応（Kassam & Mendes, 2013）より改変

と、心臓が拍出する血流量にほとんど変化はなく、安静時とほぼ同じでしたが、侮辱されたあと自分の気持ちと向き合わなかった人たちの血流量は顕著に多くなりました（図12下）。心拍出量が増えると血圧が高くなります。

心拍にも、心境を書き出す効果が表れました。侮辱されると心拍数は増えましたが、もっとも高くなったのは評価者に侮辱されて自分の気持ちについて書き出さなかった人たちでした（図12上）。自分の気持ちを書き出した人たちは、それにくらべて変化量ははるかに少なかったのです。

これらの循環器系の反応は、ストレスや怒りの攻撃性を反映する指標です。侮辱されてこれらがそれほど変化しなかったということは、攻撃したいという気持ちがほとんどなかったと考えられます（ただし、不快感はあったかもしれません）。この研究は、ほんの些細なことで、怒りの身体反応をがらりと変える力があることを示しています。ここでは、「いま、どれほど怒りを感じていますか？」と訊いて書いてもらっただけですが、それに答えて腹立たしい気持ちを書きつけるだけで怒りの身体反応が劇的に変わったのです。自分の気持ちを書き出すと、心理的にも身体的にも怒りが抑えられるのです。

セルフ・コントロール

怒りを抑えるのは安全・安心な社会を維持するためにとても重要です。とくに、銃の所持が認められており、一〇万人あたりの殺人発生件数が日本の一四倍（米国四・四三、日本〇・三二。二〇一四年統計）にもなる米国では、怒りを制御することは喫緊の課題です。

わたしたちは、些細なことでムッとしたり腹を立てたりします。だからといって、その原因をつくった人を殴ったり、ましてや殺すなんてことはしません。理性を働かせ感情の赴くままにさせないようにしているのは、抑制機能と呼ばれます。

抑制機能のなかでも、怒りを抑える働きと関連している「自己制御（セルフ・コントロール）」に関心が集まっています。「セルフ・コントロール」とは「将来のより大きな成果のために、自己の衝動や感情をコントロールし、目先の欲求を辛抱する能力」のことをいいます。

たとえば腹が立って相手を殴れば気がすむかもしれませんが、そのために起訴されれば大きな損失になるでしょう。わたしたちの生活では目先の利益にとらわれず、長期的にはどうするのがよいかを考える必要があります。そのような長期的な利得の計算をするからこそ、たとえば、仕事で上司に腹を立てることがあっても我慢するのです。

「マシュマロ・テスト」と大学入試

この「自己制御」ができるかどうかという能力の高さの違いが、社会での成功の程度と関連しています。この能力の違いは、すでに子どもの頃からみられます。

子どものセルフ・コントロール能力を測定するのが、未就学児を対象としたテストとしてよくメディアにとりあげられる「マシュマロ・テスト」です。ミシェルたちが開発した「マシュマロ・テスト」は、つぎのようにしておこなわれます。

子どもは、机とイスしか置いていない部屋に招き入れられます。机にはマシュマロが一つ載ったお皿があります。実験者は、「ちょっと用事があるので、出かけます。それをあげるので食べてもいいけど、一五分間、食べるのを我慢できれば、もう一つマシュマロをあげます。わたしがいないあいだに食べたら、二つめはありませんよ」と言って退出します。

何もすることのない部屋で、お菓子を目の前にしてひとりで待つのはたいへんです。子どもは我慢しようとさまざまな行動をとります。マシュマロを食べるまでの時間がこのテストの指標です。最後まで食べないで我慢できた子どもは、三分の一ほどでしかありませんでした（Mischel, Ebbesen & Zeiss, 1972）。

このテストから一五年近く経過して、追跡調査がおこなわれました。その結果、就学前の自制心の強さの違いが、十数年を経た後も維持されていたのです。

また幼少期のテストでマシュマロを食べたか、食べなかったかというグループ別に分析すると、マシュマロを食べなかったグループは周囲からより優秀と評価されており、さらに米国の大学進学適性試験（SAT）の点数も、食べるまでの時間が短かった下位三分の一の子どもとくらべると総合点（二四〇〇点満点）で平均二一〇点（約一〇パーセント）も高かったのです。

この研究からミシェルは、幼少期には知能指数（IQ）よりも、自制心の強さのほうが将来の学業成績（SAT）をはるかに正しく予測すると述べています。

その後、さらなる追跡調査がおこなわれ、この能力の違いが大学入学直前の頃よりずっと後まで影響していることがわかりました。

セルフ・コントロールは訓練で高めることができる

幼少期にセルフ・コントロール能力の違いがあるとはどういうことでしょうか。それは遺伝なのでしょうか。あるいは環境なのでしょうか。もし環境だとすれば（たとえば、しっけをしっかりする家庭で、かならずみんなが揃って、いただきますと言うまで食事をしない環境など）、そのような環境は大学受験の頃まで続くと考えられます。

つまり、幼少期のセルフ・コントロールではなく、幼少期から大学入学頃までずっとつづく家庭環境やその他の要因のせいで、さもセルフ・コントロールが後の学業成績に影響しているかのようにみえるだけで、じつは別の要因（たとえば家庭でのしつけ）が重要なのかもしれません。

米国では罪を犯す可能性がある要因として、セルフ・コントロール能力が調べられることがありますが、その場合はその他の要因（誰と暮らしているか、経済状況、どのような人と付き合っているか）を統計的に考慮し、セルフ・コントロール能力がみせかけの原因になっていないかが調べられます。

しかし幼少期のセルフ・コントロールの違いについては、そこまで厳密な統制がおこなわれていません。それは、十数年にわたってそれらの要因を統制することができないからです。それと、幼少期でも成人になってからでもセルフ・コントロール能力は変えることができるからです。

ちょっとしたことで暴力犯罪を起こしてしまう人はセルフ・コントロール能力が低いからだと考えられてきましたが、近年はそのような人たちに対して訓練によってセルフ・コントロール能力を鍛える試みがなされています。

オーストラリアのニュー・サウス・ウェールズ大学のデンソンたちは、セルフ・コントロールが強いほど攻撃性を抑えられること、また楽器の練習をするのと同じように、毎日訓練することでセルフ・コントロールを鍛えられるという研究例をまとめています(Denson, Dewall & Finkel, 2012)。

デンソンたちがおこなったある研究では、参加者は二週間を通じて利き手ではないほうの手を使うように指示されました。コンピュータ・マウスの操作や、コーヒーをかき混ぜること、ドアの開け閉めなどはすべて利き手ではないほうの手でしなければなりませんでした。

この訓練は、習慣的に使う利き手を使わないようにするという意味でセルフ・コントロールを鍛える効果が期待されました。

二週間後におこなわれたテストでは、同席した別の参加者（じつは実験協力者）から軽く侮辱され、その後のゲームで勝ったときにはコンピュータの爆音をその協力者に浴びせかけることができました。そのときのセルフ・コントロールの訓練をした参加者の攻撃は、訓練を受けなかった参加者にくらべてはるかに弱かったのです。

ここで大事なことは、攻撃的な人でも訓練によってセルフ・コントロール能力を高められる、ということです。攻撃的な人は自身の行動を抑えようとしていないわけではありません。かれらはたんにそうするのが苦手なだけなのです。

ある研究で、攻撃的な人が侮辱されたときの脳の活動を調べたところ、攻撃的でない人よりも、セルフ・コントロールに関わる脳の領域の活性が強いことがわかりました。つまりかれらの脳は、より努力して自分を抑えようとしているのです（それでも足りないわけですが）。

怒りや暴力を抑えられずに苦しむ人は、抑える方法を知らないだけで、教えられればできないわけではありません。

では、セルフ・コントロールを鍛えるためにどのような訓練をすればよいのでしょうか。長期間の自制心を働かせる習慣によって、セルフ・コントロール能力が鍛えられるといいます。たとえば、姿勢を改善するという訓練もセルフ・コントロール能力を高めるのに有効とされています。座っていても足を組まないとか、姿勢を正しているというのは慣れない人には辛いことなので、短期的には消耗するかもしれませんが、毎日続けることでセルフ・コントロールが鍛えられるようです。ほかにも、毎日五分間でも運動をすることなども考えられます。忙しい毎日で、五分間をやりくりして継続的に運動するのは、かなりの自制心が必要です。

継続することがもっとも辛いのですが、自身の自制心が高まり、攻撃性を抑えられるというゴールをイメージし、辛い訓練をつづけることで、やがてはカッとなっても自分をうまく抑えられるようになるかもしれません。

怒っている人の顔は気になる

ここまでは自身の怒りを抑える方法を紹介してきましたが、自分は怒っていなくても、周りにイライラしている人がいると、なんとなく落ち着きません。こちらまでイライラしてくることもあります。わたしたちは、怒っている人に注意が惹きつけられ、無視するのが難しいのです。

それは、進化の過程で培われた適応的な意味があるからだと考えられています。というのも、怒りを露《あら》わにした人が側にいれば、その矛先が自分に向けられてケガをする可能性があるからです。そのため怒っている人にはいち早く気づく必要があります。

わたしたちが怒った人に注意を向けてしまうのは、つぎのような実験からもわかります。右の図（図13）のようにコンピュータの画面に多くの顔写真を出して、参加者にそのなかから一枚だけ異なる表情の顔をできるだけ早く見つけ出してもらいます。そうすると、普通の顔から怒った顔を探すとき（下段）と、怒った顔から普通の顔を探すとき（上段）では、怒った一枚を探すほうが早くなりました。

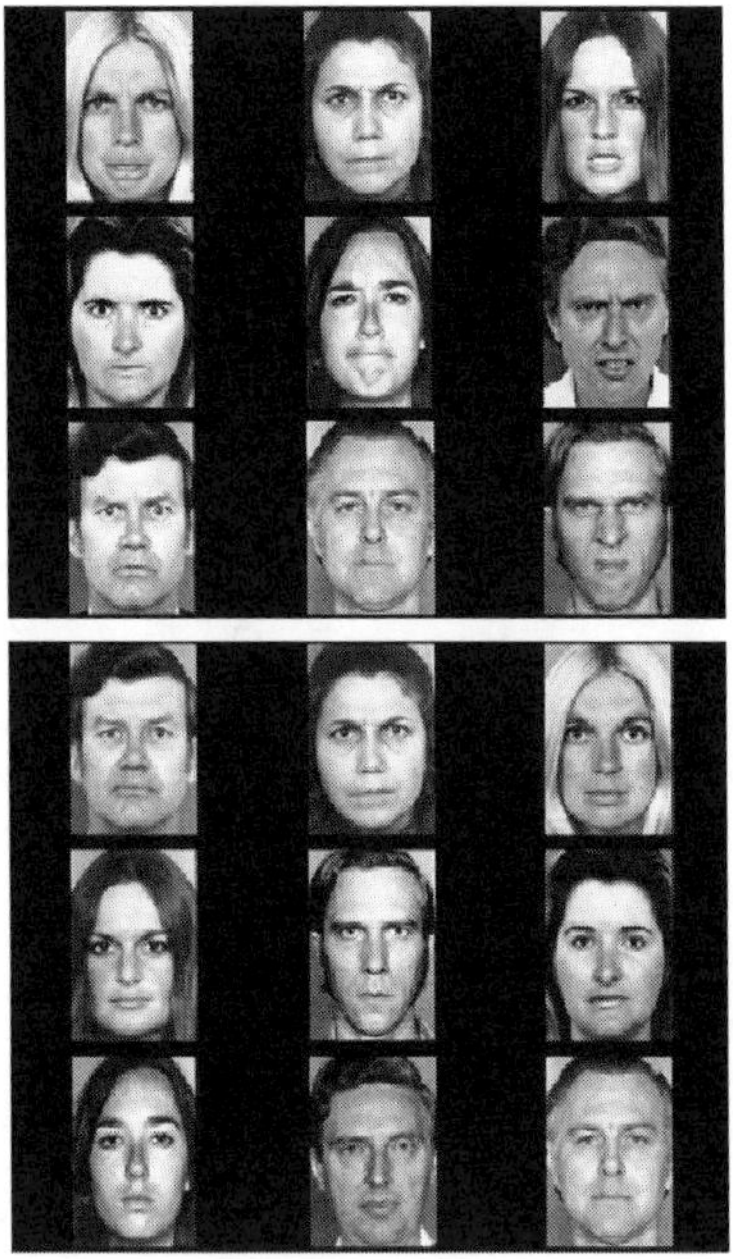

図13　異なる表情を探す

このことはサルでも同じで、わたしたちの実験で、サルに異なる表情の写真（図14）を探させると、怒った顔を見つけるほう（上段）が早くなりました（Kawai, Kubo, Masataka & Hayakawa, 2016）。

三頭のサル（ペロ、ウメ、シーバ）に、まったく面識のないサルの普通の顔（中立顔）と怒っている顔のうち、一枚だけ違う表情を選ばせたところ、三頭とも怒った顔から普通の顔を見つけるよりも普通の顔から怒った顔を見つけるほうが早くなりました。このサルの顔

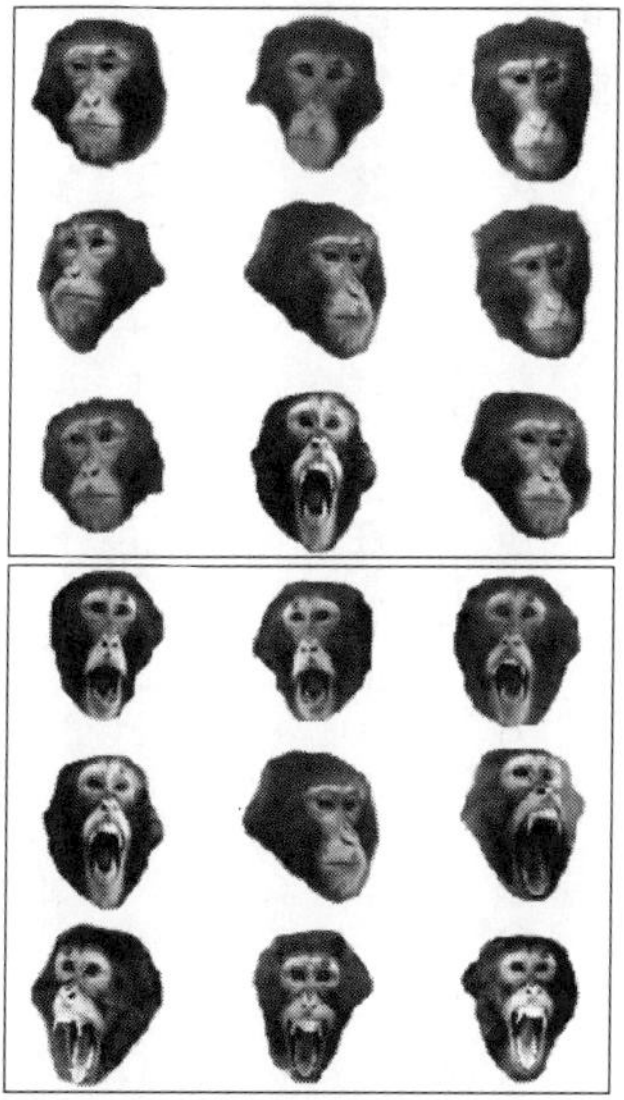

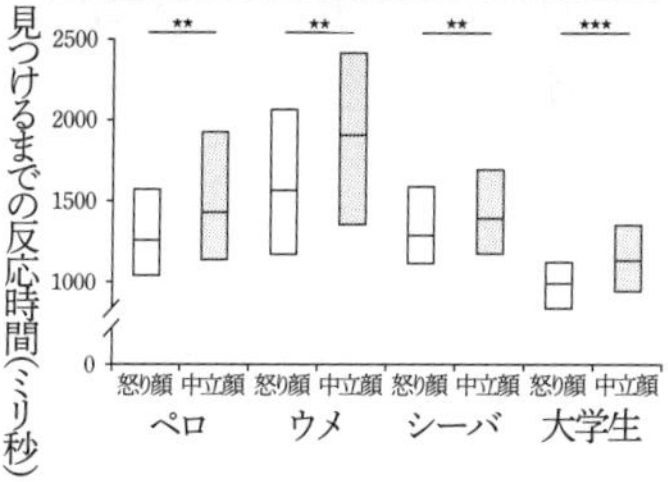

（上）図14　サルに見せた未知のサルの表情（Kawai, Kubo, Masataka & Hayakawa, 2016）
（下）図15　見つけるまでの反応時間　箱の中央の線が平均値を表しており、☆は怒り顔と中立顔で統計的な差があったことを示している

写真を使って大学生で同じ実験をしてもらっても同じ結果が得られました（図15）。

これらは、サルもヒトも怒り顔をすばやく見つける敏感さを備えているということを示しています。サルも集団で暮らすので、サルとヒトの共通の祖先の頃に、怒り顔に敏感に反応するという仕組みを獲得したのだと考えられます。

男性の怒り顔のほうが注意を惹きつける

怒り顔をすばやく検出できるのは、危険な目にあうことから回避するためだとすれば、女性よりも力が強い男性の怒り顔を早く見つけるほうが、適応的な意味がありそうです。

マサチューセッツ工科大学のウィリアムズたちは、実際にそうなるかを確かめてみました。何枚かの男女の顔写真のなかから、一枚だけ異なる表情の写真を見つけるまでの時間を測定したところ（Williams & Mattingley, 2006）、実験参加者の性別にかかわらず、怒った男性の顔のほうが、女性の怒り顔よりも早く見つけられました。つまり、男女ともに怒った男性の顔に注意が向くということを示しています。

男性参加者と女性参加者のあいだで結果をくらべたところ、男性参加者は写真の性別にかかわらず女性参加者よりも怒り顔を早く見つけました。しかし女性参加者は、男性にくらべると笑顔や悲しんだ顔を早く見つけました。これらの社会的な付き合いで交わされる共感し合うような表情の顔は、女性のほうが男性より敏感だったのです。

つまり、怒り顔には男女ともに注意が惹きつけられるものの、男女で比較すれば男性は怒り顔により注意を向けやすく、女性は社会的な付き合いに関連した表情に注意が向きやすいのです。進化の過程で、社会的な役割に応じて注意の向け方に性差が生じたことがうかがえます。

怒り顔を無視するには

ところで、怒った顔をした人を気にしないでいることはできないのでしょうか。不機嫌な人が当たり散らしているのは迷惑ですし、周りも不快に感じます。イライラしている人に注意を払うのは、適応的ではありますが、こちらに落ち度がないのにしょっちゅうビクビクして過ごすのは不快なものです。

スタンフォード大学のブレチャートたち（Blechert, Sheppes, Di Tella, Williams & Gross, 2012）は、怒った顔をどのように解釈して見るかによって、注意の惹きつけられ方が異なることを示しました。

実験では、モニターに映された怒り顔を、「その人は、その日はついてなかったから怒っているけど、それは自分には関係ない」と考えるか、「怒った人がこちらを見ている」と考えながら、それぞれ顔の近くに映し出された単語の判断課題を解きました。ほかのことに注意を向けると判断時間が遅くなります。

その結果、同じように怒った顔を見ていても、それは自分に向けられたものではない、と考えながら判断をすると、怒っていない普通の顔を見ながら作業した人と同じくらいの時間しか要しなかったのです。つまり、ほとんど怒り顔に気をとられなかったということになります。

第二実験では、脳波が調べられました。顔に対して特異的な反応を示す脳波（N170）があり、怒り顔には大きな反応が誘発されます。しかし、「怒った人がこちらを見ている」と考えた場合とくらべて、その怒り顔が自分に向けられたものではないと考えながら見た場合には、怒っていない顔を見た程度の小さな脳波しか誘発されませんでした。

この研究は、他者の感情を自分なりに解釈することで、自分の行動や脳内での処理も変わることを示しています。

うまく再解釈すれば、イライラしている上司が横にいても、落ち着いて仕事をすることができます。上司は大声で周りの人に当たるかもしれませんが、それは上司が勝手にイライラしているか、怒られている人に落ち度があるだけで、自分に向けられたものではないと考えるのです。そうすると怒っている人が気にならなくなります。

誰かのために祈ると怒りが収まる

「汝の敵を愛せよ」とは、『新約聖書』マタイによる福音書にある言葉です。この言葉は、自分の敵は憎むもの、という世間の常識に対して、イエス・キリストは「自分を愛してくれる人を愛することは誰にでもできる。悪意をもって自分を迫害する者にこそ、慈愛をもって接しなければならない」と説いたことを伝えています。

怒りや憎悪が伝染性の病のように広がる現代の世界でも、このような考えは通用するのでしょうか。

暴力行動研究の第一人者であるブッシュマンは、本章の初めのほうで紹介した傍観者として自分に起きたことを考える以外にも、怒りや攻撃性を弱めるさまざまな方法の有効性を検討しています。

なかでも、誰かのために祈ると怒りが収まるという研究は、信仰心のないわたしには、にわかには信じられないものでした(Brenner, Koole & Bushman, 2011)。

最初の実験では、これまでの怒りの研究と同じように、実験参加者は公的なこと(喫煙の是非など)について文章を書いた後に、パートナーから侮辱的な評価を受けます。これまでと同じように参加者は腹を立てました。その後、そのまま別の研究にも参加するという名目で、非常に珍しいガンにかかったモーリーンという学生についての新聞記事を読みました。参加者たちはその患者に起きたことについてどのように感じるか、またそれが彼女の人生をどう変えたかについて想像しました。

それから五分間、半数の参加者はそのガン患者について考えを巡らせ、残りの半数の参加者はその患者のために祈りました。

そして質問紙で感情の度合いを測定したところ、侮辱を受けた参加者は、侮辱を受けなかった参加者よりも怒っていましたが、侮辱された参加者間で比較すると、ガン患者について考えた参加者にくらべて、彼女のために祈った参加者の怒りがはるかに弱かったのです。

第二実験では、パートナーから侮辱された後に、今度は半数の参加者はパートナーについて考え、残りの半数の参加者はその嫌なパートナーのために祈るように指示されました（ウソの名目で実験がおこなわれて、相手のために祈ることになりました）。それから、パートナーとともに単純なボタン押しゲームをおこない、勝ったときには、相手に対して好きな音量と時間で爆発音を与えることができました。

その結果、侮辱された後でパートナーについて考えた参加者にくらべて、侮辱された後にパートナーのために祈った参加者の攻撃の程度は弱かったのです。

この実験で示された祈りの効果は、その人に信仰があるかどうか、またどの宗派に属しているかや、定期的に教会へ通うかどうかなどは関係していませんでした。

見方を変える効果

ブッシュマンたちの研究では、自分とは関係のない可哀想な人や、自分を怒らせた相手に対してさえも、祈ることで怒りが収まり、怒らせた人への攻撃が弱まりました。

これはもちろん神のお導きによるものではありません。祈ることで、ネガティブな状況についての見方が、自分を中心にした個人的なものから、より広い見地へと変わるからだと、ブッシュマンたちは考えています。たとえば、電車に乗るための列に割り込まれて腹を立てたとすれば、「わざわざ自分の前に割り込んできた」と考えるのではなく、「自分のさらに前でも後ろでも、こういうように割り込んでくる人はかならずいて、たまたまそれが自分の前だっただけだ」と考えてみます。ひどいヤツがあなたの順番を待つという行為を無にしたと考えるのではなく、その人はおそらくいつでも無礼に振る舞っているので誰に対してもそのような態度をとるはずだ。このような人は、きっと人生で損をする可哀想な人だと考えるようになるといったことです。自己距離化による腹立たしい出来事の再評価で怒りが抑えられることをみましたが、米国人には祈りのほうが簡単なだけで、結局はそれと同じことかもしれません。

祈りによって得られる効果は、信仰とは直接関係しておらず、わたしたちが自身に起きた出来事に対する解釈の仕方を変えるきっかけでしかないというわけですが、比較的信仰心が弱いとされる日本でも同じような効果が得られるか、検討してみる必要がありそうです。

ちなみにブッシュマンは、悪意に満ちた祈り（呪い）は、不快な出来事についての見方をさらに悪いほうに変え、怒りや攻撃性を増長させると予想しています。テロの連鎖がつづく現代の社会では、このことについても検討する必要があるでしょう。

「敵のために祈りなさい」という言葉は、怒りを感じたときにこそ思い出すべきものなのです。祈りは敵のためではなく、自分の気持ちを抑えるのに役立ちます。長期的にみれば、それはきっと自身を利することにつながるでしょう。

第五章　仕返しと罰

誰に対しても、その不正に報復したり禍害を加えたりしてはならない。たとえその相手に自分がどれほど苦しめられたとしても。

——プラトン

目には目を、歯には歯を

「目には目を、歯には歯を」という言葉で有名な、世界で二番目に古いといわれる、ハンムラビ法典は、紀元前一七九二〜前一七五〇年にバビロニアを統治したハンムラビ王によって発布されたそうです。いまから約三八〇〇年も前から「応分の仕返し」を認めていたことは驚きです。

こちらに落ち度がないのにひどいことをされれば、その人に仕返しをしたり、誰かに仕返ししてほしいと思うのは、誰しも同じかもしれません。

「偉大なるマンネリズム」と揶揄《やゆ》されたテレビドラマ「水戸黄門」は、悪人に苦しめられる町人たちにかわって水戸光圀《みつくに》公たちが仕返しをするというストーリーです。そのような単純なストーリーのドラマが五〇年近くにわたって製作・放送されていたということは、わたしたちがどれほど仕返しするさまを見るのが好きかを物語っています。

仕返しの話が好きなのは日本だけではありません。一九世紀のフランスではデュマが、莫大な財産を賭してまで復讐に燃える『モンテ・クリスト伯（『巌窟王』）』を書き、一七世紀のイギリスではシェイクスピアが、恋人を死なせることになってまで父王の仇を討つ『ハムレット』を書いています。どちらも現代まで読み継がれ、頻繁に映画化されています。

「臥薪嘗胆《がしんしょうたん》」の逸話も中国や日本では広く知られています。復讐を遂げることは、時代や文化を超えて共感されるようです。

そもそも怒りは攻撃性と不快感が交じった感情なので、怒りを感じると攻撃（仕返し）をしたくなります。たとえば、電車を待つ列に割り込まれたとすれば、割り込んだ人を睨《にら》みつけたり、舌打ちをするなど、ささやかな仕返しをすることがあるかもしれません。

罰することで得られる満足感

ただし仕返しにはコストがかかることがあります。ハムレットは復讐に突き進んだために、周りの人をつぎつぎに不幸にしてしまいました。「臥薪嘗胆」という言葉のもとになった「臥薪」のエピソードと「嘗胆」のエピソードのどちらもが、復讐を遂げるために自身を辛い状況に追い込んでいます。

スイスのチューリッヒ大学のド・ケルバンやフェールたちが『サイエンス』誌に発表した研究で、わたしたちは復讐をするためには犠牲を厭《いと》わないこと、また復讐の神経基盤が存在することがあきらかになりました（de Quervain et al., 2004）。

コストをかけてまで信頼を裏切った者を罰したいのは、不正な輩《やから》を罰することで「満足感」が得られるからだというのです。

実験では、参加者たちがお金のやり取りをして儲けるゲームをしました。ｆＭＲＩスキャナーでの実験に参加することで一五〇スイスフラン（およそ一万五〇〇〇円）もらえましたが、ゲームで稼げばさらにお金が支払われました。実験参加者が最初に渡されたお金（一〇スイスフラン、およそ一〇〇〇円）からある額を出資すると、もう一人のパートナー（じつは実験協力者）はその二倍の額を受け取れました。当然、実験参加者は自分が最初に出資しているのだから、ある程度の額をキックバックしてくれる、と期待します。しかしパートナーは頻繁に実験参加者を裏切って返礼しないように決められていました。そのときに実験参加者はさらに自分のお金を減らしてまで（コストをかけて）、パートナーを罰することができました。

信頼を裏切ったパートナーに対して罰を与えたときの脳活動を調べてみると、罰を与えたときには背側《はいそく》線条体が活動していました。背側線条体は、満足感を生み出す脳の報酬系の神経回路の一部で、具体的で原始的な報酬（食べ物や薬物、セックスなど）と抽象的な報酬（お金や賞賛など）のどちらの処理にも関わる領域です。

この背側線条体の活動レベルは実際に罰を与えた行動と対応していました。不誠実な人を罰するためならより多くのお金をかけてもよい、という気持ちが強い人ほど、罰を与えたときに大きな満足感を得ており、線条体の活動レベルも高かったのです。いくつかある罰の条件の一つでは、平均して三五スイスフラン以上も罰するために支払っていました。報復することで溜飲が下がるのには神経的な基盤があったのです。

報復は当事者がおこない、罰は第三者が下す

ここで罰と仕返しの違いを考えてみましょう。どちらもひどいことをした人に応分の報いを与える点では同じですが、それを行使する人が異なります。

わたしの考えでは、罰というのは第三者（あるいはその立場にある人）が下すものです。当事者やその関係者がするのは罰ではなく、仕返し（報復・復讐）です。

ド・ケルバンやフェールたちの実験では信頼を裏切った協力者に「罰」を与えることができましたが、これは裏切られた人が裏切った人を罰したので、おこなわれたのは「罰」ではなく「仕返し（報復）」と考えるべきです。

吉良上野介《きらこうずけのすけ》邸に討ち入った赤穂浪士たちに切腹が命じられたように、すでに江戸時代には復讐は正義ではないとみなされていました。現代社会でも、目をくりぬかれたからといって、被害者が加害者に「罰」を与えることはできません。加害者に罰を与えるのは第三者である司法の役目です。

わたしたちの社会では、罰を与える司法というシステムを、コストをかけて維持しています。司法システムを維持することでわたしたちが直接得られるメリットはそれほど多くないかもしれません。もちろん罰を与える司法システムそのものにも、罰を与えるメリットはありません。それなのに第三者が不公正な人を罰するのは、ヒトが進化の過程で協力的な社会を維持させるために規範から外れる人を罰するようになったからだ、とフェールたちは考えています。

近視眼的に考えれば、罰を与えるシステムを維持するコストに見合うだけのことは得られないかもしれませんが、大きな視点で見れば、窃盗や詐欺、強盗、殺人を抑制できるため、個々人が被害にあうことを未然に防ぎやすくなり、社会として享受できるメリットは決して小さくないのです。

罰を与えるのは社会での協力を維持するため

わたしたちがひどい目にあったときには、コストをかけてまで相手に「仕返しする」ことがド・ケルバンやフェールたちの実験で示されましたが、はたして第三者であるときもコストを払ってまでひどいことをした人を「罰する」のでしょうか。

このことを調べるために、別の研究でフェールたちは実験参加者を第三者役にしています。その実験でおこなわれた経済ゲームは少しややこしいので、まずはそれを簡略化したものを説明します。

最後通牒ゲームと呼ばれる、二人でお金のやり取りをする駆け引きゲームをおこないました。一人は提案者と呼ばれ、与えられたお金（たとえば一〇〇〇円）をもう一人の回答者と分配しますが、そのときに自分の好きな割合を提案できます。〇円以外なら五〇〇円ずつでもよいし、七〇〇円と三〇〇円、あるいは九〇〇円と一〇〇円、というように好きな配分の提案ができました。

回答者は提案された分配額を見て、その額でよければ承諾して提案された金額を得ますが、拒否すれば提案者と回答者のどちらもお金を手にすることはできません。九〇〇円と一〇〇円でも回答者は一〇〇円もらえるわけですが、少なすぎる配分の提案はたいてい拒否されます。つまり回答者は（承諾すればもらえたはずの）一〇〇円のコストを払って不公平な分配を提案した提案者を罰する（仕返しする）わけです。

このゲームをさまざまな国や文化のところでやってみると、提案が五〇〇円近くになる地域もあれば、三〇〇円未満になる地域もあり、どの程度を不公平とみなすかは文化的なものであることが示されています。しかし重要なのは、どの地域でも少なすぎる配分の提案では受け入れられないということが普遍的に観察されることです。

フェールたちは三人でおこなう修正版の最後通牒ゲーム（第三者罰ゲーム）をスイスのチューリッヒで実施しました（Fehr & Fischbacher, 2004）。

このゲームでは最初に与えられたお金を提案者の好きな配分案で回答者に提案するところまでは従来の最後通牒ゲームと同じですが、回答者に拒否権はありません（独裁者ゲームと同じ）。つまり回答者はどれだけ理不尽な提案をされても受け入れざるを得ないのです。しかし、第三者がそれを見ていて、提案者の配分案を不公平だと考えたときには、第三者自身の所持金を使って（コストを払って）提案者を罰することができました。第三者が罰を与えると決めれば、提案者は第三者が支払う額の二倍を罰金として払わなければなりませんでした。たとえば第三者が不公平な配分（九〇〇円と一〇〇円）の提案に対して二〇〇円で罰すると決めると、提案者は提案したお金すべて（合計一〇〇〇円）を失うだけでなく、さらに四〇〇円（二〇〇円×二）の罰金を支払いました（一四〇〇円失いました）。

なお、このとき提案者がどれだけ公平な配分を提案しても第三者には関係ありませんでした。つまり罰のコストがかかるだけで、どれだけ不公平な提案がなされても第三者にはなんのメリットもデメリットもなかったのです。

この実験の結果、第三者役を担ったおよそ三分の二の参加者が提案者に罰を与えました。さらに、不公平の程度が大きいほど与える罰も大きくなりました。日本の研究でも同様の傾向が得られています(高岸・高橋・山岸、二〇〇九年)。

フェールが考えるように、ヒトは協力的な社会を維持するために、信頼を裏切るような振る舞いや不公平な行いをする者に罰を与えようとする傾向があるのかもしれません。

たしかに自身に利益がないのにコストを払ってまで罰を与えるのはヒトに特徴的な行動で、わたしたちの社会を維持するのに不可欠なシステムのようにも思えますが、これらの実験は、産業や経済が発達した、いわゆる先進国でおこなわれたものです。それでは、産業社会から比較的隔絶した小規模な社会ではどうでしょうか。

エモリー大学のヘンリッヒたちは一五の地理的に離れた地域(シベリア、ガーナ、パプアニューギニア、エクアドルなど)の人びとを対象に、先に説明した最後通牒ゲームの実験をおこないました。『サイエンス』誌に発表されたこの研究では(Henrich et al., 2006)、つぎの三つのことがあきらかになりました。

(1)どの社会でも分配が不公平になるほどコストを払って罰しようとする。
(2)ただし支払おうとするコストは社会によって異なる。
(3)強い罰を与える傾向が見られた社会ほど利他的に振る舞う傾向が強い。

原初的な暮らしが残る社会でもこのような結果が得られたことから、コストを払ってまで不公平な振る舞いを罰しようとする傾向はヒト全体に共通するものの、その程度は文化によって異なることを示しています。そして強い罰を与えようとする傾向と利他的な振る舞いのあいだに関連があったというのは、利他的に振る舞うと同時に罰というシステムによって不公平さを抑制しようとしていると考えられるのです。

道徳の起源は第三者として評価すること？

不正を罰するのは第三者の役割だということに意外な感じもしますが、納得もできます。一般的に、道徳は個人の「良心」の問題、つまり個人のなかに存在するものと考えられています。しかし、道徳は第三者（つまり社会）による評価だと考えることもできるのです。

チンパンジーやサルをはじめとした動物を対象に、ヒトの道徳の起源を探る研究がおこなわれるようになってきました。サルたちは自分が他個体よりも価値の劣る餌を受け取ることを拒否します。これは、当事者として不公平な扱いを嫌うということの証拠ですが、道徳とはまず第三者として公平であるかどうかを判断するような感覚が発達し、次第に自分のものとなっていったのではないか、とわたしは考えています。

じつはわたしたちが一戸《いちのへ》紀孝さん、中神《なかがみ》明子さん、安江みゆきさん、坂野《ばんの》拓さん、中垣慶子さんとおこなったサルの実験（Kawai, Yasue, Banno & Ichinohe, 2014, Yasue, Nakagami, Banno, Nakagaki, Ichinohe & Kawai, 2015）でも、サル（マーモセット）は自分とは関係のない二人の人物のやりとりを見て、公平に振る舞っているか、不公平に振る舞っているかを判断できることが示されています（拙著『ヒトの本性』を参照）。第三者としての公平・不公平の判断は、ヒト以外のサルでもできるのですが、不公平な振る舞いに対して罰を与えようとはしないようです。

ほうっておくとわたしたちは誰もが自分の利益を最大にしようとします。先ほどのゲームでわたしが提案者役なら、八〇〇円と二〇〇円の配分を提案するかもしれません。しかし、第三者としてその配分の提案を見たらコストをかけてでも罰を与えるでしょう。そのように自分の振る舞いを第三者の立場でながめたときに、はじめて自分自身の行動を律しようとする気持ちが生じてくるように思えるのです。

当事者よりも第三者としてのほうが厳しく罰する

驚いたことに、自身にはまったく得るところがない第三者による罰は、当事者による仕返しより厳しくなる傾向があるようです（FeldmanHall, Sokol-Hessner, Van Babel & Phelps., 2014）。

ニューヨーク大学のフェルドマンホールたちは先ほどの最後通牒ゲームを改良して、回答者として罰を与えることも、第三者として罰を与えることもできる実験をおこないました。

一〇〇人以上が参加した第一実験は提案者が一〇ドルを好きな配分で提案するところまでは、それまでの最後通牒ゲームと同じでした（たとえば、八ドル：二ドル）。

その配分案に対してもう一人の参加者は、「その配分案を受け入れる」「どちらも同じ額になるように公平に分配を是正する（五ドル：五ドル）」「公平な分配になるように自分の分け前を補償（増額）してもらう（八ドル：八ドル）」「公平な分配になるように提案者の配当を回答者の配当と同額になるように提案者の配当を減らす（二ドル：二ドル）」「提案者と回答者の配当を取り替える（二ドル：八ドル）」という五つの選択肢から選ぶことができました。

ここで提案者に対してもっとも厳しい仕返しは、「提案者と回答者の配当を取り替える」ものでした。

しかし、回答者がもっとも多く選んだのは（九対一のときでさえ）、提案者の配当を減らしたり、自分と相手の配当を取り替えるという「罰」の機能を持つものではなく、自分の分け前を相手と同じ額になるよう補償してもらうというものでした（八ドル：八ドル）。

これらは、罰以外の多様な選択肢が与えられれば、人は罰するよりも補償されるほうを好むということを示しています。

このことは、第三章で述べた小学校一年生でも謝罪されるよりは補償してもらうことを好むのと共通しています。

五〇〇人以上が参加したさらなる実験では、自分が不公平な配分を提案される回答者と、傍観者である第三者の役割がときどき入れ替えられました。しかし、このときも参加者が回答者であるときには、どれだけ不公平な配分でも「補償」を求めました。

しかし、同じ参加者が第三者の役割を担ったときには、もっとも厳しい選択肢で提案者に罰を与えました。同じ人でも役割によってとりうる対応が変わることが示されたのです。

自分がひどいことをされたときにはそれほど厳しい仕返しをしようとしないものの、他者のために正義を保とうとしたときには、より厳しい罰を選択する傾向があるのです。

裁判員は厳しい判決を下す

つまり、当事者として判断するときよりも第三者として判断するほうが懲罰的になりやすいといえます。この実験結果は、裁判員制度などの罰則決定過程にどのような心理的傾向が作用しているかを考えるうえで参考になります。

日本で裁判員制度が導入されてから、それなりの月日が経ちました。これまでの事例をふりかえると、裁判員はより重い刑を科す傾向があるようです。たとえば被害者が一名の殺人事件で死刑を求刑した事例が三件ありました。死刑の求刑には最高裁で示された「永山基準」が適用されることが多く、被害者が一名の場合はどれだけむごい殺人であっても死刑が回避される傾向があります。その三件のうち二件は上級審で判断が覆り無期懲役に減刑されています。過去の凡例を熟知しているプロの裁判官は素人の第三者である裁判員の判決を厳しすぎると判断したのです（現在、四件目の死刑が求刑されていますが、これも上級審で審議中です）。

フェルドマンホールたちの知見は、司法制度を考えるうえで重要な示唆を与えています。現代の司法では罪を犯した人に罰を与えます。しかし、被害者が望むのは、不正を働いた者を罰することではなく、自身が損なわれたものの補償であるとその実験は示したからです。

現在の司法制度は、被害者のためでなく、社会の維持のことを考えて設計されています。加害者に厳罰が下れば、被害者は少し溜飲が下がるくらいしか利益がありません。結局は、傷つけられたままほうっておかれるのです。しかし最近になって、被害者の利益を考えた司法制度が必要だとの議論もようやくおこなわれるようになってきました。

一般的に被害者は、自分に危害を加えた人の罪を決められません。裁判官や裁判員（米国の陪審員）は公正であり、客観的で正義に則した判断が下せると考えられているので、量刑の裁量が与えられています。しかしフェルドマンホールたちの研究を見ると、裁判官や裁判員が推定上は公正であるとの信頼が揺らぎます。

もう少し考えてみると、裁判官や裁判員は被害者が望む以上の罪を負わせている可能性があります。被害者が望む以上の罰というのは正確ではないかもしれません。現状の司法システムでは、犯罪に対して報いるのは罰しかないので、被害者たちは罪が重すぎるとは感じていないかもしれません。現に、被害者の家族が加害者に対してさらなる厳罰や極刑を求めることもあります。

しかし、被害者と加害者が和解する手段を講じることや、被害を受けた側に対して補償するなどの正義を回復する別の選択肢が多く与えられれば、加害者を罰しようとする気持ちは、それほど強くならないのかもしれません。

修復的司法と呼ばれる被害者の利益を考えた正義を維持するシステムについて議論されているようですが、それについては第六章で紹介します。

公正な人間というシグナル

ところでどうして自身には利益がないどころか、ときにはコストをかけてまで、不公正な人を罰しようとするのでしょうか。社会の立場から見たときには、第三者が罰することで社会での協力が促され公正な社会が実現できるからと考えられますが、第三者にとってのメリットは公正な社会が実現できることだけなのでしょうか。生物であるヒトが、そのような綺麗ごとのためにコストをかけてまで自身とは関係のない個体を罰しようとしているとは思えません。

二〇一六年にイェール大学のランドたちが進化シミュレーションと経済ゲームを組み合わせた研究を『ネイチャー』誌に発表しました（Jordan, Hoffman, Bloom & Rand, 2016）。その研究によると、第三者として罰を与えることによって、自身が信頼に足る人物と証明できるのが利益であるようです。つまり、「わたし（たち）は不正を見逃さない正直な人です」というシグナルを社会に発信することが、第三者にとっての利益なのです。

不公正な人を罰するということは、逆にいえば、自身は規範を遵守する人ということです。これが社会に対するシグナルとなります。社会のなかで信頼を得るというのはとても重要で価値のあることです。そのことにくらべれば、不公正な人を罰するために支払うコストはたいしたものではありません。ランドたちの研究ではこの考えの妥当性を進化シミュレーションで確認しています。

実験では、罰を与えた第三者は、罰を与えない第三者よりも信頼されており、罰を与える以外にも信頼されるような行動をとることが示されました。人を助けるという、さらに直接的でわかりやすい正直者のシグナルを出せる条件では、第三者として罰を与えることが減りました。これは、わざわざ第三者として罰を与えることの意味が相対的に低下したためだと考えられます。

コストをかけてまでする援助は、第三者として罰を与えるよりも自分が公正な人間であることの強いシグナルとなるので、もっとも頻繁におこなわれました。つまり、その状況において、正直者であることを表すもっとも明確な行動が頻繁におこなわれたのです。

コストをかけてまで第三者として罰を与える人は、社会全体からみれば正義を担う理想的なメンバーですが、その行動は自分が社会のなかで安定的な地位を得ることが動機となっているようです。わたしたちが寄附をするのも同じような動機なのかもしれません。

「社会」の側からみれば、自身が被害にあったわけでなくても不公正な人を見逃さずに罰して協力的な体制を維持してほしいし、その構成員である「ヒト」からみれば、「不公正を見逃さない正直なわたし」というシグナルを社会に発信することで社会的な地位の向上を期待した結果、いまのような社会ができあがったのではないでしょうか。フェールたちは、このようにしてヒトと社会はともに進化し合ってきたと考えています。

仕返しをすると気分が晴れるが、嫌な気分も味わう

仕返しをすると満足感が得られるというフェールたちの研究を先に紹介しました。仕返しをすると攻撃的な思考が抑制されるという実験結果もあります。さらに、侮辱してきた人に仕返しする機会がなければ、その機会がある状況よりも怒りを強く感じるという研究報告もあります。

腹が立った相手に仕返しをすれば、すっきりして気が収まります。では、腹が立ったときには仕返しすればよいのでしょうか。ワシントン大学のイーダーたちがおこなった研究で、仕返しすると気分が良くなるけれども、嫌な気分も同時に味わうことがわかりました（Eadeh, Peak & Lambert, 2017）。

かれらの研究ではインターネットを通じて約二〇〇人を対象に調査がおこなわれまし

た。調査では、用意された新聞記事を読んだときに生じた気分や感情の強さを点数で答えました。半数の参加者はオサマ・ビン・ラディンが米軍によって殺害された「正義が果たされた」記事を読み、残りの参加者はオリンピックの試合の様子を伝える「どうでもよい」記事を読みました。

その結果、報復の記事を読んだ参加者は良い気分と嫌な気分の両方を感じていました。米国人にとって、ビン・ラディンは九・一一という悲惨な出来事を思い起こさせる人物です。そのため、すっきりとした気分のほかに嫌な気分も感じたのです。

記事の表現を変えて、もう一度別の参加者を対象にした調査をおこなっても、同じように良い気分と悪い気分の両方を感じたという結果が得られました。

過分な報復の戒め

はじめにこの論文を読んだときに、嫌な気分になるという結果をにわかには納得できませんでした。しかし、その数年前におこなわれた別の研究室の実験でも、報復することを考えると嫌な気分になるという結果が得られています。

しばらく時間をおいて自分のことを考えてみました。仕返しをしたごくわずかの記憶を思い返すと、スッキリしたというより、そうするほど腹が立った嫌な出来事の記憶や、自分が仕返しをしたことの後悔を感じ、たしかにあまり良い気分になりません。

ガンジーは、「目には目をという考え方では、世界中の目が見えなくなってしまう」と述べたそうですが、これは社会正義を維持するためというより、仕返しをすれば嫌な気分になると言おうとしているのかもしれません。

わたしたちの脳内に仕返しをして満足が得られる神経回路しかなければ、ヒトは部族や国家間で生じた争いへの報復に次ぐ報復で、際限のない仕返し合戦をつづけてしまうでしょう。実際、長年にわたる紛争がいまだにつづくところもあります。

それでも、ヒトには仕返しをしあわないように、歯止めをかける仕組みがあるように思えてなりません。いつかそのような神経回路が見つかるのではないかと考えています。

ある研究で、参加者に実際に仕返しをさせると、仕返しをすることを想像しただけの参加者や、何もしなかった参加者よりも満足度が低くなるという結果が得られています。仕返しをしてしまったときには、自身の仕返しが「応分」でなく、「過分」になってしまったのではないかと気に病むようです。

「目には目を」のハンムラビ法典は、やられたことには（女性や奴隷であっても同じ身分のなかでは）「同害報復（復讐）」を認めるというものですが、同時に「過分な報復」を戒めています（一九六条「もし人が人の息（子）の目を損ねたときは彼の目を損ねる」、一九七条「もし人の息（子）の骨を折ったときは彼の骨を折る」、二〇〇条「もし人が彼と同格の人の歯を落としたときは彼の歯を落とす」）。ひところ「倍返しだ」というセリフで話題を集めたテレビドラマがありましたが、仕返しが過分になってはならないのです。むしろ、目を傷つけてしまった罪には自らの目で償う、という意味合いだと考えるべきでしょう。

仕返しの目的とは

仕返しをすることで満足感を得られますが、わたしたちは仕返しによって「何を成し遂げたい」のでしょうか。別の言い方をすれば、どうなったときに仕返しに満足できるのでしょうか。

仕返しの目的として、つぎの二つが考えられます。一つは、自分を不快にした人が同じように不快になるのを見ること。もう一つは、自分を不快にした人に、あなたはひどいことをしたのだと理解させることです。

前者では、自分にひどいことをした人が自分と同じレベルの苦しみを味わえば満足を感じるはずです。自分が実際に仕返しをするかどうかは問題ではありません。したがって、自分を苦しめた人が天罰をくらったのを見聞きしても満足するでしょう。これを「苦しみ比較仮説」としましょう。

それに対して後者では、自分を苦しめた人にメッセージを伝えることが目的となります。その人に自分を苦しめたことを理解させ、罰を受けるに相応《ふさわ》しいと知らせたいのです。このことが伝われば満足すると「理解仮説」は考えています。これまでにどちらの仮説を支持する結果も得られていました。

応分の報いか、罪の認識か

ドイツ・フィリップス大学のゴルウィッツァーたちは、二つの仮説のうちどちらが正しいかを検証しました（Gollwitzer, Meder & Schmitt, 2011）。

実験では、まず最初に参加者が書いた文章にもう一人の参加者（実験協力者）が侮辱的な評価をすることで腹を立てさせました。その次に、もう一人の実験協力者が⑴二ユーロをもらえる、⑵二ユーロ失う、⑶空クジ、⑷参加者がもう一人の取り分を二ユーロ増やすか減らすかを決められる権力が与えられるクジを、引きました。じつはこのクジはあらかじめ実験協力者へ渡すお金の増減を決めるクジが出るように仕組まれていました。

半数の参加者は、侮辱的なコメントをした実験協力者へのお金の増減を決める権利のクジが当たりました（仕返し条件）。実験参加者が自分を侮辱した実験協力者を罰する機会が与えられたのです。実際にもう一人の実験参加者の取り分を減らしたのはこのうちの三二パーセントでした（仕返し条件）。残りの六八パーセントは増やしも減らしもしませんでした（減額なし条件）。残りの半数は、もう一人の参加者の謝礼金を「二ユーロ減額することになりました」と書かれた、(2)のクジを引きあてました（天罰条件）。

つぎに仕返し条件と天罰条件の参加者のうちそれぞれ半数は、先ほど侮辱的なコメントをした実験協力者とメッセージを交換することになり、書いた後にほどなくして、もう一人の実験協力者が書いたメッセージを受け取りました。残りの半数は交換しなかったのでメッセージを受け取りませんでした。そのメッセージには「自分がひどいことをしたために罰が当たった」と書かれていました。そして最後にどれだけ満足しているか、そして実験協力者はどれだけ相応しい扱いを受けたと思うかを実験参加者が回答しました。

その結果、自分で仕返しをし、かつ実験協力者が罰を受けたのは自分を侮辱したせいだと理解したときにもっとも満足を感じ、協力者は相応しい扱いを受けたと感じましたが、ただし実験協力者が「自分のせいだと理解した」というメッセージを書かなければ、天罰条件と同じ程度の満足しか感じませんでした。天罰条件は、反省のメッセージがあってもなくても満足に違いはありませんでした。

つまり、ひどいことをした人が苦しみを味わったということだけでは満足しなかったのです。そのことから仕返しをしたいと思う気持ちの背景にあるのは、相手が自分にひどいことをしたと認識させたいということだとわかります。

重要なのは、仕返しは自分が気分良くなるためにおこなわれているのではないということです。相手が反省をしなければ、いくら仕返しをしても気分は良くならないのです。罰を受けることによって、ひどいことをした人はそれに相応しい報いを受けますが、ひどいことをした人がそのことを理解して反省したときにようやく、仕返しをしたほうは満足できるのです。

ゴルウィッツァーたちはその研究の後の実験でも、「理解仮説」を支持するさらなる証拠を得ています。

わたしたちが仕返しをしたいと思う気持ちの背景には、ひどいことをした人に、そのことを認識させたいという気持ちがあります。ひどいことをした人が天罰を受けることや、自分の気分が晴れるかどうかは、二の次なのです。

第六章　赦し

弱い者ほど相手を赦すことができない。赦すということは、強さの証だ。
――マハトマ・ガンジー

「赦さないと、あなたはずっと相手の支配下にある」

ノートルダム清心学園の理事長を務めておられた渡辺和子さんは、著名な作家で教育者としても大きな貢献をされた立派な方でした。

その渡辺さんは、九歳のときに二・二六事件でお父様を亡くされています。自宅に乗り込んできた青年将校らによって銃撃を加えられた渡辺錠太郎陸軍教育総監は、渡辺さんを座卓の後ろに隠して救ったそうです。

このような経験をしても、渡辺さんは将校らを仇とは考えなかったそうです。乗り込んできた将校らは誰かの命令で動かされただけだと考えたからだそうです。

事件から五〇年たって、その青年将校らの法要への出席を求められた渡辺さんは、そこで当時踏み込んできた兵の遺族たちと出会い、「自分だけが被害者と思っていたが、私よりつらい生き方をした人たちがいたんだ」と気づいたそうです。

渡辺さんはある新聞のインタビューでそう語り、広島を訪れたヨハネ・パウロ二世の「赦しなさい。赦さないと、あなたはずっと相手の支配下にあります」との言葉を引用して赦しの大切さを訴えておられました。

そのヨハネ・パウロ二世も、自分を暗殺しようとしたアリ・アジャを赦したことで有名です。刑期を終えて出所したアジャは、事件から約三〇年を経てヨハネ・パウロ二世の墓に献花するために、ふたたびバチカンを訪れました。

信仰のある方は強いと思わされるエピソードです。

「北風と太陽」

普通の人は、自分を殺しかけた人をそう簡単に赦せるものではありません。復讐劇の主人公のように一生をかけて仕返しをしようと心に誓うかもしれません。

しかし、仕返しや罰はかならずしも良い結果を生み出しません。心理学の研究では、罰によって行動を変えても、それは長続きしないことや、多くの副作用を生み出すことが知られています。

ハーバード大学のランドたちが『サイエンス』誌に掲載した研究では（Rand, Dreber, Ellingsen, Fudenberg & Nowak, 2009）、複数のプレイヤーがお互いの行動を見ながら、ケチな人を罰したり、寄附した人に報いることで共有の財を増やすというゲームで、どのような戦略を採るともっともお金が増えるかを調べました。このゲームでは、共有の財源に寄附するとすべてのプレイヤーに同じように分配されました。もっとも望ましい結果は、すべての人に最大限寄附してもらい、自分はできるだけ払わずに共有の財源からの多くの分け前をもらおうとする人を減らすことでした。これまでの研究で、公共財ゲームで非協力的な人を減らし、全体の協力を促進するには罰が有効だと考えられていたので、非協力的な人を罰するか、協力的な人に報いるか、あるいはその両方を使えるという設定でプレイヤーたちが、どの程度協力するかがくらべられました。その結果、何度もゲームをくりかえすと、罰ではなく報酬を用いたほうが、全体として集まる共有のお金が増えたのです。ヒトの協力を促進するには懲罰的な方法より、好ましいことで報いたほうが結局は多くの公共財が集まることが示されたわけです。

これを現実社会の納税に置き換えると、納税を回避する人を罰するより、積極的に納税する人に報いるほうが、多くの税金が集まることを意味しています。

実際に、現在では多くの市町村が「ふるさと納税」という制度を運用しています。自分の住民票があるところへ支払う住民税を、「ふるさと納税」で別の市町村に寄附するというものです。寄附の返礼に特産品をもらえるという制度を採用している自治体も多くあります。住民が少ない地域にとっては税収が増えるというメリットがありますが、そのような返礼品のシステムを導入していなかった大都市（東京都や神奈川県の市区）は、大幅な税収減に苦慮しています。税収を増やすためには、ムチで厳しく取り締まるのではなく、アメを用意するほうが多く集まります。イソップ物語の「北風と太陽」の寓話に描かれているように、力で誰かの行動を変えようとしてもうまくいかないことが多いのです。

仕返しの連鎖を避けるための方略としての「赦し」

仕返しには満足がともないます。発展途上国で生じた殺人の動機のおよそ二〇パーセントが復讐にもとづくといわれています(Kubrin & Weitzer, 2003)。イギリスで暴力的な犯罪をおこなった人のおよそ二〇パーセントの人は仕返しが動機だったようです(Home Office, 2004)。しかし、大きな副作用もあります。それは、仕返しの仕返しです。報復の連鎖がはじまれば、仕返し合戦は拡大し、最初の被害以上の被害を受けることもあるのです。

現在の欧米諸国に対するテロとその報復も含め、そのような歴史上の例は枚挙にいとまがありません。現在の状況を見ると、大国が連合してもテロを抑え込むことはできずにいるどころか、しだいに被害が拡大しています。大国はテロに関わった人やその家族を根絶やしにするまでつづけるつもりなのでしょうか。

かつては「感謝」の研究をしていて、十数年前から、科学的な研究がおこなわれるようになった「赦し」の心理学的な研究をしているマッカローは、ヒトはこれまでの歴史や進化の過程で報復の連鎖を何度も経験したことで、「赦し」戦略を発明し、報復を抑制するようになったと考えています（McCullough, 2008）。どうして「赦し」が進化で選択されたのでしょうか。

もしわたしたちが手に入れようとしているものを、誰かに横取りされたとすれば、その人を排除することに意味はあります。せっかく見つけておいた、食べごろの果物を横取りした者には、黙って見ているよりも制裁を加えたほうが、その者に二度と横取りさせないという効果に加えて、他の者に対しても、誰かが目をつけていた獲物を横取りさせないという抑止力も期待できます。

しかし、果物を（そうとは知らず）横取りしてしまってひどい目にあわされた人が、さらに仕返しをしたらどうでしょうか。その場で実力行使する場合もあれば、いったん引き下がって仲間を連れて「お礼参り」に来る場合もあるかもしれません。

そのように仕返しにはコスト（仕返しの仕返し）がかかる可能性があるということを何度も経験すると、やがてその行動とは別の行動をとることを考えるようになる者も出てくるはずです。

そのような動機づけの変化の一つが赦しなのです。マッカローによれば、「赦し」とはいくつかの動機づけの変化だと考えています。具体的には、⑴攻撃してきた者に復讐しようとする気持ちが弱まること、(2)攻撃者を排除しようとする気持ちが弱まること、(3)攻撃してきた者のひどい行為にもかかわらず、その相手と和解しようとする気持ちが高まること、です。

これは、攻撃されたことを忘れたり、現実を否定すること、実際に起きたことを矮小化しようとすることとは異なります。

たんに仕返しにはコストがかかるから……、という臆病な気持ちだけでは、進化の過程でそのような戦略は残らなかったはずです。その原因をマッカローは、霊長類学者（de Waal, 2000）がいう関係性の価値にあると推測しています。

互いに協力しなければ生存できないような状況では、互恵的な関係を維持する必要があるので、攻撃性は抑制せざるをえません。これが関係性の価値が意味するところです。

進化の過程で適応的な意味があるというのは、自分自身が長く生き残れるか、あるいはより多くの子孫（遺伝子）を残せるということです。一般的に、子孫をどれだけ多く残せるかが、ある行動や身体の形態に適応的な意味がある・なしの判断基準になります。

赦すことに適応的な価値があるというのも、結局は多くの子孫を残せるということとつながっているというのです。チンパンジーやサルたちはケンカをした後に、仲直りをして関係を維持します。だまって、プイッとどこかに行く、ということをしないのです。

ケンカの後に仲直りをするためには、自身から赦しを乞うか、赦しを乞うてきた相手を赦してやらねばなりません。ある個体の赦しやすさは、協力状況や集団で何かの作業をするときにも発揮されます。こうしたことが集団での評価につながるのです。

たとえば集団で狩りをしているときに、ヘマをした仲間を罵《ののし》る個体は、その集団であまり評価されません。これは霊長類にかぎったことではなく、集団で暮らすほかの哺乳類にも共通したことです。その結果として、赦しに寛容でない個体は自分の子孫を残すチャンスを減らし、寛容でほかのメンバーとよく協力する個体は子孫を多く残すのです(McCullough, Kurzban & Tabak, 2010)。

ただし仕返しにコストがかかるように、赦しにもコストがかかります。たとえば横取りの常習犯であったり、こちらが赦すことに付け込む輩には手の打ちようがありません。つまり、仕返しに打ち克つほど強力ではないのです。ただ、それでも少しずつ仕返しを弱める働きがあるというのです。

赦すことはそれほど簡単ではありません。それでも「赦す」ことで、報復の連鎖に陥らなかった歴史上の事例は少なくありません。正義を回復するための仕返しや罰によらない和解の方法は現代の社会でも試行されており、まだまだ少数ですがうまくいきつつあることも示されています。これらのやり方は、人道上のもっともひどい行為とされる虐殺後の和解にも用いられています。仕返しの連鎖を食い止めたルワンダでの取り組みをみてみましょう。

ルワンダの大虐殺と和解を促すプログラム

一九九四年四月に、ルワンダ大統領のハビャリマナが暗殺されたことで、歴史に残る大虐殺がはじまりました。当時のルワンダ政府の推定によれば、七三〇万人いた人口のうち、八四パーセントがフツ族、一五パーセントがツチ族、残り一パーセントがトゥワ族でした。それがわずかたった一〇〇日間で一〇七万四〇〇〇人のツチ族が殺害されたといわれています(国連文書では八〇万人とされることが多いようです)。毎日一万人以上殺しても達成できない数です。

大虐殺が終焉を迎えたときに生存が確認されたツチ族は一五万人でしかなかったといいます。この虐殺の様子は「ホテル・ルワンダ」という映画(二〇〇四年制作)で克明に描かれています。

生き延びたツチ族の女性の多くは性的暴力を受けていました。性的暴力も含めて、虐殺は組織的におこなわれており、ツチ族を殺害することやツチ族の女性を強姦することを推奨するメッセージがラジオでくりかえし流されたといいます。

虐殺当時の首相であったジャン・カンバンダは、ルワンダ国際戦犯法廷の事前尋問で、「虐殺は閣議で公然と議論されていた」と政府の関与を認めています。

しかし、そもそもフツ族とツチ族は、ベルギーがルワンダを植民地にするまでは同一の言語を使う同一の民族として暮らしていたのです。それを、植民地時代に「顔の形・鼻の高さ・額の広さ・肌の色」などの外見で、「フツ族」と「ツチ族」と勝手に分けたのです（牧畜をするか農耕をするかの違いもあったそうです）。

そして、ベルギーは少数派のツチ族を支援し、フツ族を公職から追放しツチ族に統治させるということを長らく続けました。このことが遠因となり、およそ二〇年間フツ族とツチ族のあいだで紛争が続きました。一九九三年に和平合意され、戦闘が終結した矢先に、（フツ族の）大統領が暗殺されたのです。

報復に報復で仕返すといつまでも報復の連鎖は止まりません。ルワンダの大虐殺がようやく終わったときに、大きな問題が残りました。甚大な被害を受けたツチ族からの報復をどのように止めるか、です。

加害に対する報復は、かつての「目には目を」の考え方の典型例です。その考えは、犯罪には罰で報いよという、米国を含めたもっとも現代的な司法システムにいまも根づいています。刑の執行は、犯罪の抑止という機能も果たしますが、究極の目的は報復です。しかし、いずれも報復に対する報復は認めていません。

ルワンダのNPO法人（Association Modeste et Innocent：AMI）は、歴史上もっとも残虐な殺戮がおこなわれたフツ族とツチ族を和解させるために対話をさせています。いくつものプログラムを通じて、AMIは加害者と被害者の両方のトラウマを癒すことや、平和教育をおこなっています。

辛い気持ちを吐き出させるという和解のためのカウンセリングを何ヵ月も受けたあとに、フツ族のある人は、彼がその人以外の家族を皆殺しにしたツチ族のある家族の生き残りの母親に対して赦しを乞いました。ツチ族の生存者の多くは、驚くほど赦すことに長《た》けており、そのためフツ族の加害者たちと和解が進んでいるといいます。これはツチ族に対しておこなわれた強姦や虐殺などの蛮行の数々を考えれば、驚くべきことです。

本来は同じ民族であったフツ族とツチ族の紐帯《ちゅうたい》を再構築するために、このプログラムでは回復と赦しを重視しています。仕返しや罰ではなく、AMIは回復と赦しによってこそ、報復の連鎖に火をつける憎しみや暴力を抑制できると考えているのです。

『恩讐の彼方に』

しかし、敵意や長年にわたる対立を乗り越えるのはとても困難です。世界中にある復讐を描いた小説の多くで、主人公は何年もかけて復讐を遂げています。菊池寛の小説『恩讐の彼方に』では、主人を殺して逃亡した犯人を主人の息子は最終的には赦しましたが、そこに至るまでに、殺したほうも殺された家族も相当な葛藤を経験しています。

わたしたちは誰もがひどいことをされたことに怒り、苦しみます。しかし、赦しがなければ「臥薪嘗胆」の逸話のように、互いに恨みを抱いたまま、終わることのない報復の連鎖に突入してしまいます。結局は終わりのない報復合戦でお互いに得るものが何もないまま傷つけ合わなければならないのです。

だからこそ国内で紛争を経験した多くの国では、それまで仲たがいをしていた人たちに和解を促す試みがおこなわれています。

その代表的な例がアパルトヘイト（人種隔離）政策後に白人と黒人の融和を進めるために南アフリカ共和国で設立された委員会の取り組みです。

「真実和解委員会」

その委員会は、南アフリカ共和国のアパルトヘイトによって生じた大きな溝を埋めるために設立されました。

当時の南アフリカ共和国は、少数の白人が、人口のおよそ八〇パーセントを占める黒人を支配していました。黒人は公務員など公的な職に就けないだけでなく、住む地域が限定され、仕事のほかに教育の機会も制限されていました。白人による政権を維持するために、秘密警察が拷問や暗殺をしており、多くの黒人が命を落としました。ただしそれは秘密裏におこなわれ、反政権の立場をとる黒人は、「失踪」として「処理」されていたのです。

それに対抗して黒人解放組織もテロをおこない、両者のあいだで大量の血が流されました。

約三〇年間も獄中から解放闘争を指導していたネルソン・マンデラ氏が一九九四年に黒人として最初の南アフリカ共和国大統領に就任し、それまで別々の学校に通っていた黒人と白人の子どもたちは同じ学校で学びはじめました。

しかし、アパルトヘイト全廃以降の社会でも、過去にくりかえされた残虐な行為の記憶が人びとの心に深く刻まれていました。長年にわたって対立してきた黒人と白人の溝を埋めるためには、真実を語ることが必要と考えたマンデラ大統領とノーベル平和賞受賞者のツツ大主教は、「復讐ではなく理解すること、報復ではなく償うこと、処罰ではなく赦しが必要である」との精神に基づき「真実和解委員会（Truth & Reconciliation Commission）」を設立し、アパルトヘイトによってできた黒人と白人の溝を埋めようとしました。

この委員会がめざしたのは、アパルトヘイトという特別な状況（ある種の紛争状況下）において生じたさまざまな犯罪に対し、加害者による「真実」の告白と被害者による「赦し」によって両者の「和解」を促す、というものでした。

委員会では、まず被害者による申し立てを受け付けました。委員が出席した公聴会で、被害者たちは自分たちが被った悲惨な体験を語りました。子どもを亡くしたある女性は、息子が白人警官に射殺された悲しみを語り、夫を警官に殺された妻は、憎しみは一生消えないと恨みを並べました。このような申し立ては二万件以上にものぼりました。

委員会ではこれらの申し立てをもとに調査をおこない、加害者を特定しました。加害者の多くは白人の警察官や軍人でしたが、黒人も含まれていました。加害者は、真実を包み隠さず告白することで恩赦が認められました。ある秘密警察の男性は自分たちがしたことにまったく疑問をもっていなかったと告白しています。

加害者は名指しされることで、非人道的な所業をなした者という烙印を押される社会的制裁を受けました。ただし、真実をすべて告白するかぎり、懲役などの刑罰を受けることはありませんでした。

およそ一万五〇〇〇件の調査が二年半にわたっておこなわれ、全五巻、三五〇〇ページに及ぶ最終報告書がマンデラ大統領に手渡されました。

それを受け取ったマンデラ大統領は、「報告書は相手への複雑な感情や苦しみを呼び起こすでしょう。それと引き換えに、処罰なき正義を手に入れられるのは、被害者にとっては受け入れがたい哲学的な問題でしょう」と述べ、社会全体に「和解」が共有され、かつ当事者にとって怒りが解消されるためにはさらなる努力が必要である、との感想を漏らしています。

しかし委員長であったツツ大主教は、「過去に目を閉ざせば同じことのくりかえしです。過去の真実を見つめなければいけません。そのときにはじめて、新しい社会をつくることができるのです」と希望を見出そうとしています。

わだかまりは完全には解消されたわけではありません。それでも委員会が「被害の詳細を告発する場は保証します、だが報復をせず赦しあいましょう」という方針を貫いたことは、南アフリカ共和国が報復の連鎖に陥らず、予想されていたような流血の泥沼にはまることなく、民主化を遂げることのできた最大の理由の一つだとされています。

政府側に夫を殺されたある女性は、「わたしたちが南アフリカに望むのは平和ではないのですか？　もし赦さないと言い続けるならば、どこに平和を見出せるのでしょう？」と、これまでの宿敵同士が同一国民となる地の再生のためには、「報復」ではなく「修復や和解」が必要であると訴えています。

各地で広がる和解の試み

二〇〇六年に一九人のパレスチナ人がガザ地区で殺されたことで、ツツ大主教が国連調査団を率いてガザに入ろうとしたところ、イスラエル政府はそれを阻止しようとしました。その後、ツツ大主教が米国でこのことに関して講演したときに、イスラエルとパレスチナに対してつぎのように呼びかけています。

「アパルトヘイトの教訓を学んでください。アパルトヘイト体制を終わらせたデクラーク大統領は、宿敵と交渉をするという勇敢な決断を下しました。おかげで、『安全』を手にしたのです。『安全』は長い間、暴力で宿敵を抑えつけても手に入れることはできませんでした。銃は平和をもたらしません。すべての人の願いと人権が公平に認められて、ようやく平和が訪れたのです」

イスラエルとパレスチナはまだ和解に踏み出せていません。しかし、内戦のおこなわれた国々（チリ・チャド・グアテマラ・ウガンダ・ジンバブエ・ボリビアなど）で真実（和解）委員会が設置され、真実の究明と和解に向けた試みがなされてきました。もちろん、すべてがうまくいったわけではありませんし、むしろ課題は多いといいます。

それでも長年の宿敵に対する報復をやめる試みが世界中ではじまっているのです。

赦しの条件

恨みや怒りを抑えて和解するためには赦しが必要です。しかし、赦しとはどのようなもののことをいうのでしょうか。

古代ギリシアの哲学論議では、赦しは怒りとの対比で語られています。ギリシア人たちは、怒りとはみずからが軽蔑されたときに復讐しようとする苦痛をともなう欲求であると考えていました（Konstan, 2012）。これは、怒りとは攻撃性と不快な気持ちを合成したものであるとの、わたしたちの考えに近いものです。

古代ギリシアでは加害者が理性的な判断をできない場合や、その行為を強制された場合には、例外的に罰せられることはありませんでしたが、加害者を無条件で赦してしまうことは、相手の軽蔑を受け入れることであり不名誉なことだと考えられていました。つまり、相手を赦すことは肯定的には捉えられなかったようです。

その後、キリスト教の影響を受けた西洋では、赦しは（ポープの「過つは人の常なり、赦すは神の業なり」という言葉にあるように）人と神との関係において肯定的に捉えられるようになり、やがて人と人との関係でも赦しが肯定されるようになりました。

一七～一八世紀のジョセフ・バトラー主教は、「赦しは怒りを抑制することと、仕返しをしないと誓うことが揃ってはじめて赦しとなる」と述べています。

たとえば、赦すと言った人が仕返しをすれば、こんどはその人が不誠実とみなされます。赦すと言ったのに、いつまでも怒りを露わにしていれば赦したとはいえないでしょう。ユダヤ教の教えでは、加害者が公の場で三度赦しを乞うても被害者が赦さなければ、その被害者もまた罪人とみなされるとされているそうです（Rye, et al., 2000）。

バトラー主教によれば、怒りや恨みを捨て去って、仕返しをしないと誓ったときにはじめて赦しが成立するのです。

赦す対象は行為ではなく、人である

赦しは怒りと仕返しの両方に関連しており、それぞれに条件がつくようですが、それについてもう少し考えてみましょう。

たとえば満員電車に乗っていて、足を強く踏まれて、腹が立ったとします。ところがその足の持ち主が子どもだったり、重い荷物を抱えてフラフラしている妊婦だったとすれば、怒りは消えるのではないでしょうか。

逆にヘッドホンから大きな音をまき散らしている若者であるなら、たとえ会釈で謝られても、怒りは収まらないかもしれません。あなたの足を踏んだ、という同じ行為であっても、それを誰がしたかによって赦せたり、赦せなかったりするのです。別の言い方をすれば、赦す対象は、その行為ではなく、それをした人なのではないでしょうか。

赦しには双方の歩み寄りが必要

だとすれば、赦される側は何もせずに相手が怒りを収め、報復しないと誓ってくれるのを待っているわけにはいきません。

赦す側に条件があるように、赦される側にも条件があると、ボストン大学の哲学者グリスウォルドは考えています（Griswold, 2007）。

加害者側が、被害者の立場から見てひどいことをしたという自覚、補償の意思、責任をとる覚悟が、完全な赦しに必要だといいます。加害者は、ひどいことをした理由をいわないこともありますが、理由を説明すれば赦されやすくなるので、加害者はその行いをした理由を説明すべきです。これらの条件は、意を尽くした謝罪で必要であった項目と重なる部分が少なくありません。

「無条件の赦し」や「一方通行の赦し」は不完全な赦しとされます。かりに怒りを鎮める新薬が開発されて怒りを取り除くことができたとしても、それでは赦したことにはならないでしょう。

結局のところ、赦しは被害者にだけ委ねられるものではありません。赦す側と赦される側の双方の歩み寄りが必要なのです。

赦しにとって最低でも必要なことは、被害者側は仕返しをしないと誓うこと、加害者側は自分がしたことに責任を負うこと、すなわち双方の関係が変わることが赦しに必要なのです。

「赦されざる者」は存在するのか

もし怒りを感じ、仕返しをするに足る十分な理由があるとしても赦しは必要なのでしょうか。親や子が殺され、土地も尊厳も奪われ、どうしても赦しがたい者であっても赦すべきなのでしょうか。

米国国民の多くはビン・ラディンを憎んでいました。ビン・ラディンの殺害を聞いて、大勢の市民が街に出て喜び合いました。ビン・ラディンを「赦すべき」とはいわないまでも、条件が満たせばビン・ラディンでさえ赦せないという理由はないとグリスウォルドはいいます。

これは赦す側に怒りを抑える能力が足りないとか、そういう問題ではありません。加害者が赦されるべきではない、と判断される正当な理由があるかということが問題なのです。

かりにビン・ラディンが過ちを認め、被害者に補償をし、壊れたビルと飛行機を造り直し、二度とそのような過ちをしないと反省し、さらにはアフガニスタンにおいて長くつづけられてきた内戦に米国がどのような干渉をしてきたかや、世界大戦中に列強がイスラム教を信奉するアラブの国々に対しておこなった仕打ちが説明されたとしても、赦すべきでない、という人はどれほどいるでしょうか。

二〇一六年にオバマ大統領（当時）が現職の米国大統領としてはじめて広島を訪れました。原爆被害者に対して哀悼の念を捧げましたが、米国はまだ原爆を投下したことやその被害者に謝罪をしていません。しかし、わたしたちの多くは、そのことを赦しているのではないでしょうか。

加害者が真実を語り、罪を認め、責任をとるなら、被害者は赦したほうが、つまり怒りを鎮め、仕返しをしないと決意するほうが、その先の人生を穏やかな気持ちで過ごせるはずです。

わたしたちは、自分に向けられた蛮行の仕返しをしたいわけではないのです。被害が補償されることと、相手に自分の非を認めてほしいのです。

これからの正義を維持するシステム

現代の司法のほとんどは、正義を実現するために、加害者の犯罪行為に対して懲罰を科します。そのため、加害者は重い懲罰を逃れるために犯罪行為を「否認」したり「黙秘」をつづける可能性があります。そうすると、被害者が求める「真実が明るみに出ない」という矛盾が生じることがあります。

そのようなことから司法の限界について議論がされているようで、司法のあり方について新たな潮流が生まれているそうです。

これまでの司法制度は、「懲罰的（応報的）司法（正義）」と呼ばれ、犯罪を、国家に対する違反行為ととらえ、司法は国と加害者の対立関係において刑罰を決定するものと位置づけられてきました。つまり、そこには被害者は含まれないのです。

それに対して、「修復的司法（正義）」では、犯罪によって引き起こされた被害に関して、関係当事者（加害者・被害者・コミュニティー）の話し合いにより、被害者・加害者間の関係修復を図り、加害者の反省を促して更生を助長しようと考えます。

つまり犯罪という行為に対して、どの法律を犯し、どのような刑罰を受けるべきかという視点で見るのが「懲罰的（応報的）司法」の立場で、誰が傷つけられたのか、その人はいま何を必要としているのかという視点で見るのが「修復的司法」の立場といえるでしょう。

いくつかの国に設けられた真実（和解）委員会は、修復的正義に基づいて被害者の救済を図ろうとしているといえます。

司法制度が修復的司法だけになったときに、どれだけ安全で平和な社会が維持できるかは不明ですが、被害者のことを考えれば、現在の懲罰的司法制度に限界があるのはたしかです。これらのシステムが相補的に利用されるような社会が、いずれ出現するかもしれません。

なぜ赦すのか――テロで子を亡くした女性たち

赦すためには赦すほうが辛い思いをしなければなりません。それなのに、なぜ赦さなければならないのでしょうか。一つの理由はそうすることが、人として倫理上の理想を体現するからです。家族を殺した加害者を目の前にして赦せる人の強さを、わたしたちは賞賛せずにはおられません。

そのような人を賞賛する背景には、その強さを讃《たた》えるとともに、わたしたちも同じように赦すことによって精神的な成長をし、自身が回復と再生をすることで、人のあるべきすがたに近づきたいとの気持ちがあるのではないでしょうか。

しかしそれだけではありません。一九八〇年代以降に、心理学では「赦し」についての実証的研究がおこなわれるようになってきました。そこでわかってきたことは、赦したほうが心身の健康によいということでした。

北アイルランドのテロで子どもを亡くした五人の女性に対して、意図的に赦しの訓練をおこなった初期の代表的な研究では、一週間の訓練で心の傷が劇的に癒えただけでなく、彼女らの抑うつも激減しました。半年後のフォローアップでも、ストレスの程度が半分になったように感じていました。ほかの多くの研究も同じような結果を得ています。最近になって、これまでの五四の研究報告をまとめて分析した研究では（Wade, Hoyt, Kidwell & Worthington, 2014）、赦しの感覚の増加が抑うつと不安を低下させることに寄与していることをつきとめています。

その分析をおこなった赦しの心理学的研究の第一人者であるヴァージニア・コモンウェルス大学のワーシングトンの訓練法では、二つのイスを向かい合わせに並べた部屋で、怒りや苦痛を感じている人がどちらかのイスに座ります。そして自分が感じている心情を吐露します。今度は向かいのイスに座り、その人にひどいことをした加害者の視点で「自分（＝いまは加害者）」はなぜその人（被害者＝実際の自分）にそんなことをしたのかを語らせます。こうすることで、少しずつですが加害者への哀れみや共感が生まれ、徐々に怒りや痛みを追いやることができるといいます。

赦しを促進する実証的な心理療法がほかにもたくさんあるそうです。たとえば、同じように北アイルランドのテロで子どもを亡くした女性に訓練をしたスタンフォード大学のラスキンは、怒ったことの記憶やトラウマは、波のようにときおり意識に上ってくるので、その気分が頂点に達したときに、深く息をするとか瞑想をするといった簡単なストレス低減法を実施すれば、怒りやトラウマが和らぎ、赦しやすくなると述べています。

赦すための努力をつづける

どのような技法であっても、赦せるようになるまでには、『恩讐の彼方に』がそうであったように相当な時間がかかります。

腹立たしいことが起きたとしても、すぐにその原因となった人を赦せるようになるわけではありません。憤りを癒し、心を回復させるには時間がかかります。

しかし、ひとたび赦す気持ちに傾けば、そこから時間をかければかけるほど赦しに近づくという実証的なデータがあります。ワーシングトンの技法であれば、一時間の訓練を一〇回もつづければ、かなり赦しの境地に近づくといいます。それらは専門家がおこなうものなので、素人が自分でするものとは違います。それでも、自分なりに持続していれば、それに見合った効果が期待できるようです。赦すことの努力をしてみようと考える時点で、すでに赦しの境地に近づきはじめているのです。

赦しは汝自身のため

赦しは、結局はそうすることが自分のためになるのでおこなわれるのかもしれません。しかし、その努力は周りの人や、ひいては社会全体にまで連鎖的に広がるだろうとワーシングトンは考えています。

国家間の大きな戦争は抑止し合うようになりましたが、テロや小規模な戦争は絶えません。家族や同胞を殺された怒りや恨みは簡単に消せるものではありません。しかし、そのような時代であるからこそ、赦しは必要なのではないでしょうか。

とはいえ、自分の家族や仲間が殺されたとして、赦せるだろうかと考えると、そう簡単ではないだろうなと思います。そのことを想像しただけでも怒りや憤りを感じます。いまの自分では簡単に赦すことはできないかもしれません。しかし、何度も赦しの重要性について考えれば、少しずつ気持ちが変わってくるような期待もあります。

わたしはヒトの心や行動の成り立ちを進化の視点から考えてきました。しかしこの頃は、ヒトはこの先、どのような存在になるのか、ということにも想いを馳せています。拙著『ヒトの本性』では、長い時間をかけて人類が殺人を減らしており、本来の協力的で共感にあふれた姿を取り戻しつつあることを述べました。

いまのわたしたちは、身の周りの怒りに振り回され、気持ちを抑えることや、相手を赦すことは難しいのが現実です。しかし、個々人が少しずつ赦すことの重要性を認識し、何世代も経つと、怒りはもっと制御しやすくなるかもしれません。

大河の一滴

人類の誕生とともに人同士が争っていたとの考えもありますが、最古の集団的な暴力の証拠はおよそ一万三〇〇〇年前とされる、スーダンの洞窟で見つかった二四体の人骨に暴力の跡が刻まれていたものです。六〇〇万～七〇〇万年とされる人類の歴史を考えれば、集団として争うようになったのはごく最近のことといえます。

この一万年ほどは、争いや諍《いさか》い、戦争の時代と見られるかもしれません。それらはいまだになくなりません。しかし怒りを鎮め、報復をしないことでこの世界を平和にすることが、わたしたち自身や子どもたちを守ることになるのです。

「情けは人の為ならず」と言いますが、赦しも他人のためではありません。罰し合うことでなく、赦し合うことで維持される社会の未来のために、わたしたちひとりひとりが、赦すため、赦されるための努力をしなければならないのです。

マザー・テレサが言うように「私たちの行いは大河の一滴にすぎない。でも、何もしなければ、その一滴も生まれない」のです。わたしたちの行いはちっぽけかもしれませんが、努力をつづければ、やがて報復の連鎖が途切れる社会を迎えられるのではないでしょうか。

参考文献

はじめに

ロバート・B・ライシュ『最後の資本主義』(雨宮 寛・今井 章子訳)東洋経済新報社、二〇一六年

第1章

Ackerman, J. M., Nocera, C. C. & Bargh, J. A.: Incidental haptic sensations influence social judgments and decisions. *Science*, 328(5986), 1712-1715 (2010)

Argyle, M., Henderson, M., Bond, M., Iizuka, Y. & Contarello, A.: Cross-cultural variations in relationship rules. *International Journal of Psychology*, 21(1-4), 287-315 (1986)

Bateson, M., Nettle, D. & Roberts, G.: Cues of being watched enhance cooperation in a real-world setting. *Biology Letters*, 2(3), 412-414 (2006)

Buckley, T. et al.: Triggering of acute coronary occlusion by episodes of anger. *European Heart Journal: Acute Cardiovascular Care*, 4(6), 493-498 (2015)

Darwin, C. R.: *The expression of the emotions in man and animals*. London: John Murray. 1st edition (1872)(チャールズ・ダーウィン『人間及び動物の表情』石川千代松訳、春秋社、一九三〇年)

Duchenne, B.: *Mécanisme de la physionomie humaine, ou Analyse électro-physiologique de l'expression des passions applicable à la pratique des arts plastiques* (1862)

Duchenne, B.: *The mechanism of human facial expression* (R. A. Cuthbertson, trans.). New York: Cambridge

University Press（1990, Original work published 1862）

Duguid, M. M. & Goncalo, J. A.: Living large: The powerful overestimate their own height. *Psychological Science*, 23(1), 36-40（2012）

Ekman, P. & Friesen, W. V.: Constants across cultures in the face and emotion. *Journal of Personality and Social Psychology*, 17(2), 124-129（1971）

Ekman, P., Levenson, R. W. & Friesen, W. V.: Autonomic nervous system activity distinguishes among emotions. *Science*, 221(4616), 1208-1210（1983）

Fessler, D. M. T., Holbrook, C. & Snyder, J. K.: Weapons make the man（Larger）: Formidability is represented as size and strength in humans. *PLoS ONE*, 7(4): e32751（2012）

Fessler, D. M. T. & Holbrook, C.: Friends shrink foes: The presence of comrades decreases the envisioned physical formidability of an opponent. *Psychological Science*, 24(5), 797-802（2013）

Harmon-Jones, E. & Peterson, C. K.: Supine body position reduces neural response to anger evocation. *Psychological Science* 20(10), 1209-1210.（2009）

Herrero, N., Gadea, M., Rodriguez-Alarcon, G., Espert, R., Salvador, A.: What happens when we get angry? Hormonal, cardiovascular and asymmetrical brain responses. *Hormones and Behavior*, 57, 276-283（2010）

Kubo, K., Okanoya, K. & Kawai, N.: Apology isn't good enough: An apology suppresses an approach motivation but not the physiological and psychological anger. *PLoS ONE*, 7(3): e33006（2012）

Oda, R., Niwa, Y., Honma, A. & Hiraishi, K.: An eye-like painting enhances the expectation of a good reputation. *Evolution and Human Behavior*, 32(3), 166-171（2011）

Ohbuchi, K. & Saito, M.: Power imbalance, its legitimacy, and aggression. *Aggressive Behavior*, 12(1), 33-40（1986）

Peterson, C. K., Shackman, A. J. & Harmon-Jones, E.: The role of asymmetrical frontal cortical activity in aggression. *Psychophysiology*, 45(1), 86-92（2008）

Richardson, D. S.: Everyday aggression takes many forms. *Current Directions in Psychological Science*, 23(3), 220-224 (2014)
Strack, F., Stepper, S. & Martin. L.: Inhibiting and facilitating conditions of the human smile: A nonobtrusive test of the facial feedback hypothesis. *Journal of Personality and Social Psychology*, 34(5), 768-777 (1988)
大渕憲一「質問紙による怒りの反応の研究：攻撃反応の要因分析を中心に」『実験社会心理学研究』第二五巻第二号、一二七～一三六頁、一九八六年
木野和代「対人場面における怒りの表出方法の適切性・効果性認知とその実行との関連」『感情心理学研究』第一〇巻第二号、四三～五五頁、二〇〇四年
芹沢茂登子「電話相談からみた子育ての悩みと不安」『現代のエスプリ』第三四二号、三八～四五頁、一九九六年
平田佳子「子どもの虐待電話相談の活動」『小児内科』第二七巻第一一号、一六六九～一六七三頁、一九九五年

第二章

Repacholi, B. M., Meltzoff, A. N., Rowe, H. & Toub, T. S.: Infant, control thyself: Infants' integration of multiple social cues to regulate their imitative behavior. *Cognitive Development*, 32, 46-57 (2014)
Sanford, K. & Wolfe, K. L.: What married couples want from each other during conflicts: An investigation of underlying concerns. *Journal of Social and Clinical Psychology*, 32(6), 674-699 (2013)
Sanford, K.: A latent change score model of conflict resolution in couples: Are negative behaviors bad, benign, or beneficial? *Journal of Social and Personal Relationships*, 31(8), 1068-1088 (2014)
Schmitt, D. P. et al.: Are men universally more dismissing than women? Gender differences in romantic attachment across 62 cultural regions. *Personal Relationships*, 10, 307-331 (2003)
Shorey, H., Interview by Elizabeth Bernstein: The best way to make up after any argument and the one word never to say. *The Wall Street Journal*. July 15, 2014 12: 57 p.m. ET

Striano, T., Kopp, F., Grossmann, T. & Reid, V. M.: Eye contact influences neural processing of emotional expressions in 4-month-old infants. *Social Cognitive and Affective Neuroscience*, 1(2), 87-94 (2006)

第三章

Brummelman, E. et al.: Origins of narcissism in children. *Proceedings of the National Academy of Sciences of the United States of America*, 112(12), 3659-3662 (2015)

Bushman, B. J., Bonacci, A. M., Van Dijk, M., Baumeister, R. F.: Narcissism, sexual refusal, and aggression: Testing a narcissistic reactance model of sexual coercion. *Journal of Personality and Social Psychology*, 84(3), 1027-1040 (2003)

De Cremer, D., Pillutla, M. M. & Folmer, C. R.: How important is an apology to you?: Forecasting errors in evaluating the value of apologies. *Psychological Science*, 22(1), 45-48 (2011)

Drell, M. B. & Jaswal, V. K.: Making amends: Children's expectations about and responses to apologies. *Social Development*, 25(4), 742-758 (2015)

Dutcher, J. M. et al.: Self-affirmation activates the ventral striatum: A possible reward-related mechanism for self-affirmation. *Psychological Science*, 27(4), 455-466 (2016)

Howell, A. J., Dopko, R. L., Turowski, J. B. & Buro, K.: The disposition to apologize. *Personality and Individual Differences*, 51, 509-514 (2011)

Joireman, J., Smith, D., Liu, R. L. & Arthurs, J.: It's all good: Corporate social responsibility reduces negative and promotes positive responses to service failures among value-aligned customers. *Journal of Public Policy & Marketing*, 34(1), 32-49 (2015)

Okimoto, T. G., Wenzel, M. & Hedrick, K.: Refusing to apologize can have psychological benefits (and we issue no mea culpa for this research finding). *European Journal of Social Psychology*, 43(1), 22-31 (2012)

Schumann, K.: An affirmed self and a better apology: The effect of self-affirmation on transgressors' responses to victims. *Journal of Experimental Social Psychology*, 54, 89-96（2014）

Steele, C. M.: The psychology of self-affirmation: Sustaining the integrity of the self. In L. Berkowitz（Ed.）, *Advances in experimental social psychology*, 21, 261-302, San Diego, CA: Academic Press（1988）

Stinson, D. A., Logel, C., Shepherd, S. & Zanna, M. P.: Rewriting the self-fulfilling prophecy of social rejection: Self-affirmation improves relational security and social behavior up to 2 months later. *Psychological Science*, 22(9), 1145-1149（2011）

Twenge, J. M., Konrath, S., Foster, J. D., Campbell, W. K., Bushman, B. J.: Egos inflating over time: A cross-temporal meta-analysis of the narcissistic personality inventory. *Journal of Personality*, 76(4), 875-902（2008）

Ward, J. C. & Ostrom, A. L.: Complaining to the masses: The role of protest framing in customer-created complaint web sites. *Journal of Consumer Research*, 33(2), 220-230（2006）

第四章

Blechert, J., Sheppes, G., Di Tella, C., Williams, H. & Gross, J. J.: See what you think: Reappraisal modulates behavioral and neural responses to social stimuli. *Psychological Science*, 23(4), 346-353（2012）

Bremner, R. H., Koole, S. L. & Bushman, B. J.: "Pray for those who mistreat you": Effects of prayer on anger and aggression. *Personality and Social Psychology Bulletin*, 37(6), 830-837（2011）

Bushman, B. J., DeWall, C. N., Pond, R. S. & Hanus, M. D.: Low glucose relates to greater aggression in married couples. *Proceedings of the National Academy of Sciences of the United States of America*, 111(17), 6254-6257（2014）

Denson, T. F., DeWall, C. N. & Finkel, E. J.: Self-control and aggression. *Current Directions in Psychological Science*, 21(1), 20-25（2012）

DeWall, C. N., Deckman, T., Gailliot, M. T. & Bushman, B. J.: Sweetened blood cools hot tempers: physiological self-control and aggression. *Aggressive Behavior*, 37(1), 73-80 (2011)

Fields, D.: *Why we snap: Understanding the rage circuit in your brain*. Dutton, (2016)

Kassam, K. S. & Mendes, W. B.: The effects of measuring emotion: Physiological reactions to emotional situations depend on whether someone is asking. *PLoS ONE*, 8(6): e64959 (2013)

Kawai, N., Kubo, K., Masataka, N. & Hayakawa, S.: Conserved evolutionary history for quick detection of threatening faces. *Animal Cognition*, 19(3), 655-660 (2016)

Mischel, W., Ebbesen, E. B. & Zeiss, A.R.: Cognitive and attentional mechanisms in delay of gratification. *Journal of Personality and Social Psychology*, 21(2), 204-218 (1972)

Mischel, W., Shoda, Y. & Peake, P. K.: The nature of adolescent competencies predicted by preschool delay of gratification. *Journal of Personality and Social Psychology*, 54(4), 687-696 (1988)

Mischel, W., Shoda, Y. & Rodriguez, M. L.: Delay of gratification in children. *Science*, 244, 933-938 (1989)

Mischkowski, D., Kross, E. & Bushman, B. J.: Flies on the wall are less aggressive: Self-distancing "in the heat of the moment" reduces aggressive thoughts, angry feelings and aggressive behavior. *Journal of Experimental Social Psychology*, 48(5), 1187-1191 (2012)

Williams, M. A. & Mattingley, J. B.: Do angry men get noticed? *Current Biology*, 16(11), R402-R404 (2006)

第五章

de Quervain, D. J. -F. et al.: The neural basis of altruistic punishment. *Science*, 305 (5688), 1254-1258 (2004)

Eadeh, F. R., Peak, S. A. & Lambert, A. J.: The bittersweet taste of revenge: On the negative and positive consequences of retaliation. *Journal of Experimental Social Psychology*, 68(1), 27-39 (2017)

Fehr, E. & Fischbacher, U.: Third-party punishment and social norms. *Evolution & Human Behavior*, 25(2), 63-87 (2004)

FeldmanHall, O. Sokol-Hessner, P, Van Bavel, J. J. & Phelps,E.A.: Fairness violations elicit greater punishment on behalf of another than for oneself. *Nature Communications*, 5, 5306（2014）

Gollwitzer, M. & Meder, M. & Schmitt, M.: What gives victims satisfaction when they seek revenge? *European Journal of Social Psychology*, 41(3), 364-374（2011）

Henrich, J. et al.: Costly punishment across human societies. *Science*, 312（5781）, 1767-1770（2006）

Jordan, J. J., Hoffman, M., Bloom, P. & Rand, D. G.: Third-party punishment as a costly signal of trustworthiness. *Nature*, 530(7591), 473-476（2016）

Kawai, N., Yasue, M., Banno, T. & Ichinohe, N.: Marmoset monkeys evaluate third-party reciprocity. *Biology Letters*, 10(5), 20140058(2014)

Yasue, M., Nakagami, A, Banno, T., Nakagaki, K., Ichinohe, N & Kawai, N.: Indifference of marmosets with prenatal Valproate exposure to third-party non-reciprocal interactions with otherwise avoided non-reciprocal indivisuals. *Behavioural Brain Research*, 292, 323-326(2015)

高岸治人・高橋伸幸・山岸俊男「第3者による不公正是正行動における意図の役割」『実験社会心理学研究』第四八巻第二号、一五九〜一六六頁、二〇〇九年

第六章

de Waal, F. B. M.: Primates—A natural heritage of conflict resolution. *Science*, 289(5479), 586-590（2000）

Griswold, C. L.: Forgiveness, A philosophical exploration. Cambridge university press（2007）

Home Office: CRIMINAL STATISTICS England and Wales 2003: Statistics relating to criminal proceedings for the year 2003（2004）

Konstan, D.: *Before forgiveness: The origins of a moral idea*. Cambridge: Cambridge University Press; Reprint（2012）

Kubrin, C. E. & Weitzer, R.: Retaliatory homicide: Concentrated disadvantage and neighborhood culture. *Social*

Problems, 50(2), 157-180 (2003)
McCullough, M. E.: *Beyond revenge: The evolution of the forgiveness instinct*. San Francisco: Jossey-Bass (2008)
McCullough, M. E., Kurzban, R. & Tabak, B. A.: Evolved mechanisms for revenge and forgiveness. *Understanding and reducing aggression, violence, and their consequences*, In P. R. Shaver & M. Mikulincer (Eds.), 221-239. Washington, DC: American Psychological Association (2010)
Rand, D. G., Dreber, A., Ellingsen, T., Fudenberg, D. & Nowak, M, A.: Positive interactions promote public cooperation. *Science*, 325(5945), 1272-1275 (2009)
Rye, M. S. et al.: Evaluation of the psychometric properties of two forgiveness scales. *Current Psychology: Developmental・Learning・Personality・Social*, 20(3), 260-277 (2001)
Rye, M. S., et al.: Religious perspectives on forgiveness. In M. E. McCullough, K. I. Pargament & C. E. Thoresen (Eds.), *Forgiveness: Theory, research and practice*,: Guilford Press, p17-40, New York(2000)
Wade, N. G., Hoyt, W. T., Kidwell, J. E. & Worthington, E. L.: Efficacy of psychotherapeutic interventions to promote forgiveness: A meta-analysis. *Journal of Consulting and Clinical Rsychology*, 82(1), 154-170 (2014)

あとがき

同僚の齋藤洋典《ひろふみ》先生が、わたしの研究室に来て雑談をしているときのことでした。彼がなにげなく言った言葉に、はっとしました。

「おいしかったことは覚えてても、どんな風においしかったかは、思い出されへん」

言われてみれば、たしかにその通りです。おいしかったという事実は、ありありと思い出されるのに、そのおいしいという感覚を再現できないのです。暑い夏の日に、冬の凍えるような身体の感覚を思い出そうとしても、まったくできないどころか、そのような経験を自分はほんとうにしたのかおぼつかなることさえあります。

一度だけ起きた出来事についての記憶をエピソード記憶といいます。好きなときにそのときの情景に入り込めるので、これを、心でおこなう「時間旅行」という研究者もいます。たしかに、わたしたちはエピソード記憶によって、心に残る出来事があったそのときその場所に立ち返ることができます。しかし、そのときの気持ちや感情が再現できないとしたら、タイムマシンに乗って過去に時間旅行をしても、傍観者として眺めているだけなのか……と長いあいだ考えていました。

しかし、怒りの研究をするようになって、過去の感情が蘇ることがある、ということに気づきました。テレビの番組を制作されている方に、「思い出し怒りを抑えたいのですが、どうしたらよいでしょうか」と尋ねられたからです。

そのときにはじめて、「思い出し怒り」という表現があることを知りましたが、言われてみれば、自分でも昔のことを思い出して腹を立てることがあります。そのときには、ありありと当時の感情が蘇ってきます。それどころか、本文に書いたように、何度も思い出すと、怒りはどんどん強くなるのです。

わたしが怒りの研究をはじめたのは、科学技術振興機構の戦略的創造研究推進事業ERATO岡ノ谷情動情報プロジェクトで、当時わたしの研究室にいた久保賢太さんと、怒りの心理・生理状態を調べることになったからです。その後、研究室の浅野暁子さんや渡邉翔太さん、中田龍三郎さんが引き継いで、怒りの心理・生理反応の研究を継続してくれています。

久保さんの研究は、第一章に書いたように、簡単な謝罪では怒った人の攻撃性は抑えられても、不快感まで消すことはできないというものでした。この研究をとっかかりとして怒りのことを調べていくなかで、謝罪はほんとうに意味がないのだろうか、と疑問が広がりました。まったく意味のないことを多くの人がするはずはありません。そこで謝罪についてどのような研究がおこなわれているかを調べてみました。

調べてみてわかったことは、少なくとも国内では謝罪を実証的に研究している人がほとんどいない、ということでした。怒りの研究をされている方はそれなりにおられます。しかし、国内では謝罪は実証的な研究の対象ではないのです。

本書で紹介した謝罪の研究は、すべて米国でおこなわれたものです。日本で謝罪の研究が少ないのは、謝られれば赦すのが当然という風潮があるからなのかもしれません。米国の事情はよくわかりませんが、日本ほど簡単には謝らないというので、効果的な謝罪というものを突き詰めて考える必要があり、そのために研究がおこなわれているのかもしれません。

そのような研究のおかげで、効果的な謝罪とはどのようなものかがわかりました。自分にとっては、この本を書いて一番よかったことかもしれません。本書は謝罪の技術を説くものではありませんが、この本を読めば、必要なときにうまく謝れると自負しています。

本書の最後で赦しについて書いていますが、これを読めば妻は嗤うかもしれません。妻はわたしが根に持つほうだと思っているからです（実際、そうなのだと思います）。だからこそ、自戒を込めて赦しの大切さを書きました。

赦し合う関係は、とても心地よいものです。わたしにとっては、正月に逢う小学校の同級生たちが、自分の立場や状況にかかわらず、悩みや不満、ストレスを赦し、赦され合う大切なものです。もちろん家族もそうですが、多くの人がもっているそのような小さな赦し合える関係が社会のなかで広がっていくと、もっと暮らしやすい世の中になるのではないかと思います。最後まで読んで、赦しの大切さを考えていただきたいと思います。

本書は講談社の所澤淳さんと作った二冊目の本です。また現代新書から本を出す機会をいただいて感謝しています。タイトルや帯など、いろいろアイデアを出していただきましたし、わかりにくいところを指摘していただきました。

この本には英語の論文も含めた参考文献一覧がついていますが、最初からそうするつもりだったわけではありません。拙著『ヒトの本性——なぜ殺し、なぜ助け合うのか』を書いたときに、校閲の方が本文で紹介したすべての研究の出版年や著者名などが正しいかを確認してくださいました。今回、その手間を少しでも減らそうと、筆頭著者名と出版年を書いておいたのです。その結果、今度はそれらの文献の中身まで確認していただいて、わたしの間違いをいくつか指摘していただきました。英語で書かれた専門の学術論文を読むのはたいへんなことだと思うのですが、その仕事ぶりにとても驚きましたし、感謝しています。

本文に載せた図は、研究室の倉田文子さんに手伝ってもらってリライトしました。

本書で紹介したわたしたちの研究は、科学技術振興機構・ＥＲＡＴＯプロジェクトや日本学術振興会・科学研究費補助金の助成を受けておこなったものです（25285199, 15K13159, 16H02058）。その研究は、敬称を略しますが以下の方々との共同研究です。久保賢太、岡ノ谷一夫、正高信男、早川祥子、一戸紀孝、中神明子、安江みゆき、坂野拓、中垣慶子らの皆さんに、記して感謝いたします。

名古屋の研究室から、先ほどまでおこなわれていた故郷の五山送り火に思いを馳せつつ

二〇一七年八月

川合伸幸

講談社現代新書　2444

科学《かがく》の知恵《ちえ》　怒《いか》りを鎮《しず》める　うまく謝《あやま》る

二〇一七年九月二〇日　第一刷発行

著　者　川合伸幸《かわいのぶゆき》　© Nobuyuki Kawai 2017

発行者　鈴木　哲

発行所　株式会社講談社
　　　　東京都文京区音羽二丁目一二—二一　郵便番号一一二—八〇〇一
電　話　〇三—五三九五—三五二一　編集（現代新書）
　　　　〇三—五三九五—四四一五　販売
　　　　〇三—五三九五—三六一五　業務

装幀者　中島英樹

印刷所　慶昌堂印刷株式会社

製本所　株式会社大進堂

定価はカバーに表示してあります　Printed in Japan

N.D.C.140　213p　18cm
ISBN978-4-06-288444-0

「講談社現代新書」の刊行にあたって

教養は万人が身をもって養い創造すべきものであって、一部の専門家の占有物として、ただ一方的に人々の手もとに配布され伝達されうるものではありません。

しかし、不幸にしてわが国の現状では、教養の重要な養いとなるべき書物は、ほとんど講壇からの天下りや単なる解説に終始し、知識技術を真剣に希求する青少年・学生・一般民衆の根本的な疑問や興味は、けっして十分に答えられ、解きほぐされ、手引きされることがありません。万人の内奥から発した真正の教養への芽ばえが、こうして放置され、むなしく滅びさる運命にゆだねられているのです。

このことは、中・高校だけで教育をおわる人々の成長をはばんでいるだけでなく、大学に進んだり、インテリと目されたりする人々の精神力の健康さえもむしばみ、わが国の文化の実質をまことに脆弱なものにしています。単なる博識以上の根強い思索力・判断力、および確かな技術にささえられた教養を必要とする日本の将来にとって、これは真剣に憂慮されなければならない事態であるといわなければなりません。

わたしたちの「講談社現代新書」は、この事態の克服を意図して計画されたものです。これによってわたしたちは、講壇からの天下りでもなく、単なる解説書でもない、もっぱら万人の魂に生ずる初発的かつ根本的な問題をとらえ、掘り起こし、手引きし、しかも最新の知識への展望を万人に確立させる書物を、新しく世の中に送り出したいと念願しています。

わたしたちは、創業以来民衆を対象とする啓蒙の仕事に専心してきた講談社にとって、これこそもっともふさわしい課題であり、伝統ある出版社としての義務でもあると考えているのです。

一九六四年四月　野間省一